特別支援学級の教師の
新たな学びの姿
ポジティブ行動支援研修

子どもも教師も伸びる！
自立活動の充実に向けて

林　知代 監修
山川直孝 著

黎明書房

監修のことば

　著者の山川直孝氏は，長く特別支援教育に携わり，その専門性は特別
支援学校教諭としての実践経験と緻密な研究の積み重ねの両輪によって
構築されています。彼に出会うと，寛容の強い精神に支えられた優しさ
と温もりを感じ，誰でも穏やかな気持ちになる，不思議な魅力を備えた
人物です。現在は滋賀大学大学院で，准教授として，これから教師とし
て現場で子どもたちを育てていく大学院生に，きめ細やかな指導を教授
されています。

　そうした専門的活躍のなかで生まれたのが，本著書『特別支援学級の
教師の新たな学びの姿　ポジティブ行動支援研修―子どもも教師も伸
びる！　自立活動の充実に向けて―』です。現在，我が国では，少子化
とは裏腹に，特別支援教育を必要とする子どもは増加の一途をたどり，
通常学校に配置されている特別支援学級の数は1校に3学級というデー
タが示されています。こうした状況下でありながら，特別支援学級の
担任に対して，実践に伴う適切なガイドブックがないのが実情です。本
著書は，そうした現状に応えるべく，非常にわかりやすい実践テキスト
として活用できるように書かれています。

　本著書がもっとも評価されるのは，子どもへのまなざしが伝わってく
るという点です。それはポジティブ行動支援という，子どもの潜在能力
（できること）を引き出し，向上に直結する行動を肯定的，教育的方法
で支援する理論的枠組みが基盤になっています。そこには教育の本質と
して育まれる，他者への尊厳と信頼が下地としてあります。

　さらに本著書の優れた点は，現場の教師にとって，具体的にどのよう
に子どもたちに関わっていけばよいかについてきめ細かに説明されてい

ることです。これまで，特別支援教育に携わってこなかった人や，携わりたいという気持ちはあってもどうすればよいか悩んでいた人に，実際にそばにいて教えてもらっているように，子どもへの関わり方や支援の進め方が提示されています。そこには著者である山川氏の人柄がにじみ出ていると言っても過言ではないでしょう。

　子どもと共に自分自身が成長することを実感し，学びを得るための実践書として，特別支援教育に携わる教師だけではなく，子どもが健やかな気持ちで成長していくことに関心をもつすべての人に向けた良書であることを確約します。一人でも多くの方がこの本を手に取って読んでくださることを願っています。

　　2024 年 7 月

芦屋大学大学院特任教授

林　知代

はじめに

　校内研修をしていますか。働き方改革の一環で校内研修がなおざりにはなっていませんか。また，特別支援学級の担任の先生は，いま担任している児童生徒の支援につながる研修ができていますか。研修の大切さはわかっていても，どのような内容で，どのような手順で，校内研修をしたらよいかわからない先生も少なくないのではないでしょうか。

　「『特別支援教育』とは，障害のある幼児児童生徒の自立や社会参加に向けた主体的な取組を支援するという視点に立ち，幼児児童生徒一人一人の教育的ニーズを把握し，その持てる力を高め，生活や学習上の困難を改善又は克服するため，適切な指導及び必要な支援を行うもの」です（中央教育審議会，2005）。現代の日本の社会は，「少子高齢化の一方，医療の進歩・特別支援教育への理解の広がり・障害の概念の変化や多様化など，特別支援教育をめぐる社会や環境の変化に伴い，特別支援教育を必要とする子供たちの数は増加の一途」となっています（文部科学省，2021a）。

　こうした中，特別支援学級を担う教員の専門性向上について，「特別支援学校教諭免許状取得に向けた免許法認定講習等を活用し，例えば自立活動や発達障害に関する事項など特別支援学級担当等の資質向上に資する知識技能等の修得を促す」ことが示されています（文部科学省，2021a）。しかしながら，特別支援学校の教員免許状を保有さえすれば，専門性が担保されるとは言えず，多様な特別なニーズのある児童生徒への適切な支援を推進していくためには，研修の充実が必要で，「障害のある子供への教育支援の手引」（文部科学省，2021b）には，研修の重要性が指摘されています。ただし，研修の内容や手法については，十分

に明らかになっていないように思います。

　本書では，ポジティブ行動支援（PBS：Positive Behavior Support）を取り入れた研修を，特別支援学級の担任を対象とした校内研修のモデルの一つとして紹介しています。

　ポジティブ行動支援は，知的障害者や発達障害者の行動支援として誕生し，教育や福祉の領域に取り入れられています。ポジティブ行動支援は，罰的な手法をとらない，QOL の向上に向けた支援の枠組みです。自立活動がめざしているところに合う理論であると考えます。

　児童生徒の主体的な学習の取り組みや適切な行動の強化にポジティブ行動支援が有効であり，校内でできるその研修技法を明らかにしています。つまりは，子どもも教師も伸びる校内研修を提案しています。

　校内で研修できるということは，校外での研修に参加することに比べて，移動の時間がかからず，授業の調整も不要で，研修を実施しやすく受けやすい点が大きなメリットとして挙げられます。さらには，児童生徒への支援を共通理解のもと，教員同士で支え合い，協働することが促進されるなどの効果も期待できます。

　ぜひ本書を活用していただき，児童生徒の支援の充実と先生方のスキルアップにつなげていただきたいと思います。

　　2024 年 7 月

　　　　　　　　　　　　　　　　　　　　　山川直孝

目　　次

監修のことば（芦屋大学大学院特任教授　林知代）　　　…　1
はじめに　　　…　3

第1章　特別支援学級の現状　　　…　9

1　特別支援学級には多様な子どもたちがいる　　　…　10
2　特別支援学級を担任する先生方の状況　　　…　14
3　特別支援学級の担任のための校内研修が必要　　　…　15

第2章　ポジティブ行動支援　　　…　17

1　ポジティブ行動支援とは　　　…　18
2　その行動には理由がある　　　…　18
3　機能的アセスメント　　　…　19
4　行動をする理由を考える　　　…　20
5　望ましい行動への支援を考える　　　…　21
6　支援の工夫　　　…　22
7　望ましい行動を増やす「強化」　　　…　23
8　副作用が多い「弱化」　　　…　24
9　「自分はできる」「役に立っている」と実感させる　　　…　25
10　難しいことや新しいことはスモールステップで　　　…　25
11　望ましい行動を促すプロンプト　　　…　27
12　身につけた力を応用させる「般化」　　　…　28

13　学校教育におけるポジティブ行動支援の整合性　　　…　30

第3章　研修のオリエンテーション　…　37

1　全3回の研修の予定　　　　　　　　　　　　…　38
2　個に応じた支援とは　　　　　　　　　　　　…　39
3　罰の副作用とは　　　　　　　　　　　　　　…　39
4　人手をかける対応だけでは解決にならない　　…　40

第4章　第1回研修「個別の指導計画を立てよう」…　41

1　個別の指導計画とは何か　　　　　　　　　　…　42
2　対象の児童生徒を1名抽出し，課題を1つ挙げる　…　42
3　個別の指導計画（研修用）の作成　　　　　　…　43
4　記録用紙の作成　　　　　　　　　　　　　　…　46
5　支援の実行　　　　　　　　　　　　　　　　…　48

第5章　第2回研修「支援の評価と計画の見直し」…　49

1　記録用紙を使ってふりかえる　　　　　　　　…　50
2　児童生徒の目標は適切だったか　　　　　　　…　50
3　教員は支援を実行したか　　　　　　　　　　…　54
4　評価　　　　　　　　　　　　　　　　　　　…　54
5　新しい記録用紙の作成　　　　　　　　　　　…　55
6　支援の実行　　　　　　　　　　　　　　　　…　57

目　　次

第6章　第3回研修「支援の評価」　　　… 59

1　記録用紙を使ってふりかえる　　　… 60

2　児童生徒の目標は適切だったか　　　… 60

3　教員は支援を実行したか　　　… 62

4　評価　　　… 62

5　研修のまとめ─校内研修の意義を考える─　　　… 63

第7章　特別支援学級の教師の新たな学びの姿
─効果的な研修にするために─　　　… 65

1　ポジティブな気持ちをもって参加する　　　… 66

2　推進役を立てる　　　… 66

3　研修会の時間を決める　　　… 67

4　支援の検討や話し合いを重視した演習中心の研修　　　… 67

5　中学校での研修は学年会を活用する　　　… 69

6　研修観の転換を　　　… 70

巻末資料　　　… 73

巻末資料1　個別の指導計画（研修用）　　　… 74

巻末資料2　自立活動の内容一覧表（6区分27項目）　　　… 75

巻末資料3　記録用紙　　　… 80

おわりに　　　… 82

文献　　　… 84

7

第1章　特別支援学級の現状

　いま,特別支援学級では何がおきているのか。
　特別支援学級の担任には,何が求められているのか。

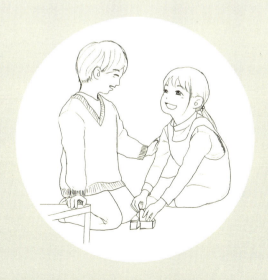

1　特別支援学級には多様な子どもたちがいる

　文部科学省が 2024 年に公表した「特別支援教育資料（令和 4 年度）」によると，令和 4 年度（2022 年度）の特別支援学級は，全国の 83.7%（24,571 校）の学校（小学校，中学校，義務教育学校）に設置されています。特に，公立の小学校には 87.3%（16,449 校）の学校に特別支援学級が設置されています。中学校・義務教育学校も公立が高いです。つまり，義務教育段階のほとんどの公立学校に特別支援学級が設置されています。（表 1-1 の③）。

　また，令和 4 年度（2022 年度）には，特別支援学級は全国で 76,720 学級（小学校，中学校，義務教育学校）あり，特別支援学級のある学校 1 校あたり 3.12 学級（公立は 3.12 学級）設置されています（表 1-1 の⑤）。つまり，義務教育段階では 1 校あたり 3 学級程度の特別支援学級がある状況です。

　特別支援学級に在籍している児童生徒数は 353,438 人（小学校，中学校，義務教育学校）となっており，10 年前の平成 24 年（2012 年度）の 164,428 人から約 2 倍の増加となっています。特別支援学級には 7 つの障害種別がありますが，通級による指導（特に小学校）で対応していることが多い「言語障害」を除く，6 つの種別で児童生徒数が増えています（表 1-2）。

　特別支援学級に在籍している児童生徒数が増加している理由として，米田ら（2022）によれば，自閉症児の有病率や発生率が増加しているわけではないことや，自閉症児の診断が前向きに行われるようになったこと，支援対象としての社会的認知が定着したこと，一部の保護者の特別支援教育を受けさせたいという要望の高まりや，学習や行動上のつまずきへの予防的な支援が整備されたことがある，と指摘されています。

第 1 章　特別支援学級の現状

表 1-1　特別支援学級設置率および 1 校あたりの特別支援学級の学級数

		小学校	中学校	義務教育学校	合計
学校数①		19,161	10,012	178	29,351
	国立	67	68	5	140
	公立	18,851	9,164	172	28,187
	私立	243	780	1	1,024
特別支援学級設置校数②		16,455	7,959	157	24,571
	国立	5	5	2	12
	公立	16,449	7,953	155	24,557
	私立	1	1	—	2
設置率（%）③		85.9	79.5	88.2	83.7
	国立	7.5	7.4	40.0	8.6
	公立	87.3	86.8	90.1	87.1
	私立	0.4	0.1	—	0.2
特別支援学級数④		53,267	22,670	783	76,720
	国立	15	9	11	35
	公立	53,234	22,652	772	76,658
	私立	18	9	—	27
1 校あたりの特別支援学級数⑤		3.24	2.85	4.99	3.12
	国立	3	1.8	5.5	2.92
	公立	3.24	2.85	4.98	3.12
	私立	18	9	—	13.5

※③＝②／①×100，　⑤＝④／②

文部科学省「特別支援教育資料（令和 4 年度）」42 頁の資料をもとに作成。

表 1-2　特別支援学級の児童生徒数

年度	在籍者数（人）							
		知的障害	肢体不自由	病弱・身体虚弱	弱視	難聴	言語障害	自閉症・情緒障害
H24（2012）	164,428	86,960	4,374	2,397	417	1,329	1,568	67,383
R 4 （2022）	353,438	156,661	4,539	4,706	638	1,945	1,331	183,618
増減	2.15 倍	1.8 倍	1.04 倍	1.96 倍	1.53 倍	1.46 倍	0.85 倍	2.73 倍

文部科学省「特別支援教育資料（平成 24 年度）」14 頁および「同（令和 4 年度）」42 頁の資料をもとに作成。

また，私は特別支援学級に入級するにあたって調査や審議を行う市区町村教育支援委員会等や保護者が特別支援学級で学ぶことを決定したプロセスにも関心をもっているところです。令和4年度（2022年度）の小学校・特別支援学校小学部就学予定者（新第1学年）のうち，令和3年度（2021年度）に市区町村教育支援委員会等で調査・審議の対象となったものは74,148人と，令和元年度（2019年度）の62,442人と比べて1.19倍と増加傾向にあります。調査・審議対象者の増加と特別支援学級に入級する児童生徒数の増加との関連に注視したいと思います。

　特別支援学級に在籍する児童生徒の実態と関わって着目したいことの一つに，障害の程度が重い児童生徒が少なくないということがあります。就学先の決定は，本人・保護者の意見を最大限尊重（可能な限りその意向を尊重）し，教育的ニーズと必要な支援について合意形成を行うことを原則とし，最終的に市区町村教育委員会が就学先を決定していくことになります。

　ただ，学校教育法施行令第22条の3（特別支援学校に就学する障害の程度）に該当する児童生徒が，特別支援学級に在籍しているケースがあります。令和4年度（2022年度）には，小学校1年生でその対象となる児童が3,729人，中学校1年生でその対象となる生徒が2,977人，それぞれ特別支援学級に在籍しています。その障害は，小学校も中学校も約8割が知的障害となっています。「学校基本調査（令和4年度）」（文部科学省，2022a）によると，令和4年度（2022年度）の特別支援学級に在籍している小学校1年生（義務教育学校1年生を含む）は

第 1 章　特別支援学級の現状

35,543 人で，同じく中学校 1 年生（義務教育学校 7 年生）は 34,973 人でした。このことから，小学校の特別支援学級（1 年生）には 10.49% の特別支援学校に就学する障害の程度の児童が在籍していたことになります。同じく，中学校の特別支援学級（1 年生）には 8.51% 特別支援学校に就学する障害の程度の生徒が在籍していたことになります。

　参考として，平成 30 年度（2018 年度）についても特別支援学校に就学する障害の程度の児童生徒が在籍していた割合を調べたところ，令和 4 年度（2022 年度）と似た結果（小 1：10.02%，中 1：7.45%）が出ています。

　これらの結果を参考にすると，小学校特別支援学級であれば，障害の程度が重い児童が 1 割程度在籍していることが考えられます（表 1-3）。

　このように，児童生徒数全体が減少している中で，特別支援学級に在籍している児童生徒は増えており，その実態が多様化しているといえるでしょう。特別支援学級は，制度上，小学校でいえば 1 年生から 6 年生まで，中学校では 1 年生から 3 年生まで，同じ障害種別であれば同じ学

表 1-3　令和 4 年度学校教育法施行令第 22 条の 3 に該当する児童生徒が特別支援学級に在籍する割合

	小学校 1 年		中学校 1 年	
		（参考）H30		（参考）H30
特別支援学級在籍者数※1	35,543	27,663	34,973	24,121
22 条の 3 に該当する在籍者数※2	3,729	2,773	2,977	1,797
特別支援学校に就学する障害の程度の児童生徒の割合（%）	10.49	10.02	8.51	7.45

※ 1　小学校 1 年には義務教育学校 1 年を含む。また中学校 1 年には義務教育学校 7 年を含む。

※ 2　特別支援学級に在籍している「学校教育法 22 条の 3 に該当する在籍者数」。

文部科学省「学校基本調査（平成 30 年度）」「同（令和 4 年度）」および「特別支援教育資料（平成 30 年度）」74 頁，「同（令和 4 年度）」85 頁を参考にして作成。

13

級で学ぶ場合があります。しかし，障害種別が同じであっても，障害の程度や実態は様々であることから，発達段階や個に応じた支援を教員は行っていくことが求められています。つまりは，同じ障害種別であったり，診断名であったりすれば，「同じ支援でよい」とひとくくりにすることはできません。似たような障害特性のある児童生徒がいたとしても，支援の参考にはなることはあるかもしれませんが，同じ支援をすれば必ずうまくいくというものではありません。

児童生徒をよりよく伸ばしていくためには，まずはその子どものことを「よく知ること」「絶えず知ろうとすること」「一人一人に合わせた支援を進めていくこと」が必要ではないでしょうか。

2　特別支援学級を担任する先生方の状況

岡野（2019）は，「特別支援学級の担任は通常の学級担任同様，年度ごとに教職員の異動や校内体制など，様々なことを総合的に判断し決定されるのが通例であり，特別支援学級の担任が特別支援教育の専門家であるかというと必ずしもそうではない」と指摘しています。

また，文部科学省が 2022 年に公表した「教師不足」に関する実態調査の結果によると，特別支援学級の担任は，通常の学級の担任と比べて，臨時的任用教員の割合が高いことがわかりました。その割合は小学校の特別支援学級では 23.69％（通常の学級は 11.06％），中学校の特別支援学級は 23.95％（通常の学級は 9.27％）と，通常の学級と比べて 1 割程

度，臨時的任用教員の割合が高くなっています。

臨時的任用の先生方を否定するつもりは毛頭ありませんが，任用期間が1年以内であり，更新されたとしても，教員としてのキャリア形成が十分に保障されていません。初任者研修などのキャリアステージに応じた研修の対象ではありません。研修を受けることが担保されていないというのが現状です。

3 特別支援学級の担任のための校内研修が必要

特別支援学級の担任は，特別支援教育の重要な担い手です。特別支援学級の先生方には，担任する児童生徒の支援に役立つ実践的な研修が必要です。研修は校外と校内と大きく2つに分かれます。しかしながら，校外の研修に参加することは，学級の児童生徒の指導体制をあらかじめ組む必要があり，容易ではありません。校外の研修だけに頼っていては専門性は向上しません。校内でできる研修を検討し，保障していくことが実際的です。

では，どのような内容の研修を，どのように進めればよいのでしょうか。

詳細は，次章以降で述べますが，第1のポイントは，これまでの教員の経験や勘に頼らず，「理論に基づく支援について学び，実践と往還させる」ということです。

第2のポイントは，特別支援学級の担任同士が協働的に学ぶということです。

本書で紹介している研修は，特別支援学級の担任が，「ポジティブ行動支援」という，児童生徒のよさや長所を生かして望ましい変容を促す理論を学び，それに基づく支援を担任している児童生徒に実践していきます。要点が絞られた研修用の個別の指導計画を作成し，実行したり，

15

特別支援学級の担任同士（もしくは支援に関わっている先生）が集まって，児童生徒のめざしたい姿や具体的な支援について話し合ったり，学び合ったりする研修手法を解説しています。これは，特別
支援学級を担任する先生方の個別最適な学び，協働的な学びを具現化したものです。ぜひ，参考にしていただきたいと思います。

第 2 章　ポジティブ行動支援

特別支援学級での自立活動の充実や多様な背景をもつ児童生徒の理解と支援につながる，ポジティブ行動支援について学びましょう。

1　ポジティブ行動支援とは

　「ポジティブ行動支援とは，障がいの有無に関わらず，望ましい行動を子供に効果的に教え，その行動ができた場合に承認・称賛を行うことにより，全ての子供が主体的に適切な行動を学ぶ教育方法である。問題行動を解決し，望ましい行動を育てるために，ポジティブ行動支援では『教えること』『承認・称賛すること』『環境を整えること』の 3 つのポイントを示してい」ます（松本ら，2022）。このポジティブ行動支援を取り入れることで，対象者の生活の質（QOL）の向上をめざしていきます。

　ポジティブ行動支援は，行動分析学の考え方を基本としています。行動分析学は心理学の研究領域でスキナーによって創始されました。はじめは動物による実験から基礎研究が行われ，その研究成果が人間に応用されるようになりました。この行動分析学を土台として生まれたのが応用行動分析学（ABA：Applied Behavior Analysis）です。応用行動分析学は，行動をアセスメントし行動を変容させるための実践的なアプローチとして，行動の理解や修正および形成を図るために機能的アセスメントを使います。ポジティブ行動支援も同様に，機能的アセスメントを使って児童生徒の行動を分析します。

2　その行動には理由がある

　特別支援学級で担任している児童生徒に気になる行動はありませんか。気になる行動には理由があります。理由は大きく 3 つに分けられます。「未学習」「不足学習（うまくできない）」「誤学習（不適切なやり方を身につけている）」です。

第2章　ポジティブ行動支援

「未学習」は児童生徒自身が，本人に合う形で学習していないためわからないということです。具体的には「状況や指示がわからない」「見通しがもてない」「わからないのに無理やりやらされる」「取り組んでも認められない。かえって修正を求められる」といったことが挙げられます。

「不足学習」は児童生徒がうまくできないということです。例えば，「課題をうまくやりたいけれど，うまくできない」「要求をうまく伝えられない」「練習が不足している」「最初から高度な目標が設定されている」などが挙げられます。

「誤学習」は，不適切なやり方を身につけていることです。例えば注目を得たいために，相手が嫌がる行動をすることが挙げられます。

実態把握の手段としては，「心理検査」「面接による聞き取り」「行動観察」が挙げられます。児童生徒に適切に支援を行い，よりよく伸ばしていくためには，実態把握が欠かせません。注意すべきことは，多面的，多角的な理解に努めることです。心理検査は重要ですが，それだけですべてを見抜くことはできません。児童生徒が困っていることやできないことの背景を考えていく必要があります。その際には，行動の理由（「未学習」「不足学習」「誤学習」）を考えていくことがポイントになります。

3　機能的アセスメント

児童生徒の行動の理由を知る上で欠かせない手法が機能的アセスメントです。これは，なぜその行動が起きるのかという理由を探る実態把握をする上でも，どのように支援していくかという個別の指導計画を立てていく上でも有効な手法です。つまり，児童生徒の望ましくない行動の理由を知るためにも，望ましい行動を増やしていくための支援にも使える分析方法です。

機能的アセスメントでは，児童生徒の行動を3つの枠組みに分けて分析します（図2-1）。「先行条件（Antecedent）」とは，「行動（Behavior）」が起きる条件のことです。どのような時に，どのような状況で，どのような場面で「行動」が起きるのかを考えます。「結果（Consequence）」とは，その行動をしたことで，児童生徒は何を得ているのかということです。「結果」が児童生徒にとって利益になると「行動」が強化されていくことになります。この機能的アセスメントのことを，"Antecedent""Behavior""Consequence" の3つのアルファベットの頭文字をとって，ABC分析といったり，三項随伴性といったりします。

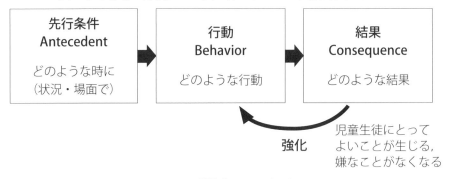

図 2-1　機能的アセスメント

4　行動をする理由を考える

　機能的アセスメントを使って，児童生徒が教員にとって望ましくない行動をする理由を考えてみましょう（図2-2）。昼休みに遊んでいる児童 a がいると想定してください。担任の先生が昼休みの終わりの時間がきたので「遊びは終わり」と声をかけました（先行条件）。すると児童

第2章　ポジティブ行動支援

図2-2　行動する理由

aは，大声で「まだ終わりたくない」とわめきました（行動）。そこで，担任の先生は，本人の要求を受け入れて授業中も遊びを続けることを認めることにしました（結果）。この場合，児童aは，遊びを続けられることが強化となり，日常的に，大声でわめけば，遊びを続けられることを誤学習しているといえます。

5　望ましい行動への支援を考える

では，望ましい行動につなげるためにはどのようにすればよいか，機能的アセスメントを使って考えてみましょう（図2-3）。

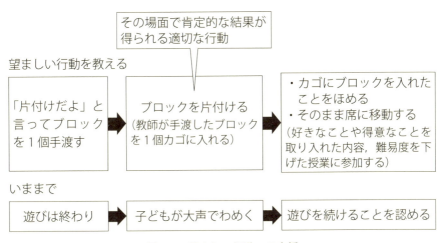

図2-3　望ましい行動への支援

21

先行条件として，望ましい行動を教えるために教員が「片付けだよ」と言って，ブロックを1個児童aに手渡します。行動は，児童aの具体的な目標になります。児童aがそのブロックをカゴに入れることを目標とします。結果としては，「カゴにブロックを入れたことをほめる」「そのまま席に移動する」としました。

　このように，児童生徒の課題となる「望ましくない行動」の理由と，児童生徒のめざしたい「望ましい行動」を考えていくことが支援を進める上では大切になります。

6　支援の工夫

(1)　「先行条件」は児童生徒にわかりやすく

　先行条件では，児童生徒がわかりやすいように「場面」「環境」を整えることを重視します。例えば，「『めあて』や『ルール』を事前に示す」「『いつ』『何を』『どのように』『どれくらいするのか』の手がかりを示す」「教員や友だちの姿を，よい行動のモデルとして注目させる」「物の配置等を見て手順がわかり，取り組みやすいようにする」といった例が挙げられます。先行条件が整えば，望ましい行動を引き出しやすくなります。

(2)　うまくできるように「適切な行動」を支援

　行動に関しては，児童生徒の「できていること」や「得意なこと」に教員が目を向け，それを生かせる役割や活動時間を与え，児童生徒がみんなから「がんばっている」ことを認められる機会をつくることが工夫の一つとして挙げられます。また，児童生徒の「できるやり方」で適切な表現ができるようになるために，周囲の注目を得たり，休憩や支援を

求めたり，物や活動を要求したりするなどの機会を与えることも配慮していきたいところです。

　教員が，児童生徒のどこが苦手かを把握し，苦手なことは一度に多くを求めず，達成可能なスモールステップに分けて目標を設定して取り組むことも大切です。児童生徒の中には，これまでの失敗経験から自信を無くしている子もいるでしょう。小さい成功を積み重ねていくことを心がけていきたいところです。

(3)　児童生徒ができたと味わえるように「結果」を工夫

　教員は，児童生徒が取り組むことを「あたり前」とせずに，「主体的に取り組んだこと」や「少しでも自分で取り組もうとしたこと」を評価し，ほかの児童生徒や教員から認められる機会をつくっていきたいものです。自分の力でできたことを，連絡帳を通じて保護者に伝え，保護者からほめられることも，児童生徒にとってはうれしいことだと思います。

　また，教員が想定していた姿とは違う姿を児童生徒が見せることもあるでしょう。「よい」「悪い」は個別にはっきり伝え，あいまいな態度をとらないことが誤学習を防ぎます。「ダメ」という評価だけでなく，どうすればよいかを個別に具体的に伝えていくことが支援になります。

7　望ましい行動を増やす「強化」

　児童生徒にとって望ましい行動を強めていくために強化の原理を取り入れます。強化の原理とは，あるきっかけの後に，その人が行動し，その直後にその人にとって「うれしいこと」が起こると，その人の行動が再び起こりやすくなることです。

　具体例にお手伝いを挙げます。先行条件として，教員ｂが児童ｃにお手伝いの指示をします（児童ｃはお手伝いの内容を知る）。行動とし

て児童 c はお手伝いをします。そして，その結果，教員 b に「ありがとう，助かったよ」とほめられ，児童 c はお手伝いをしたことがほめられてうれしいという気持ちをもったとします。このほめられ，うれしかったということが強化となり，児童 c はまたお手伝いをするということにつながります。

　このように，教員の支援がよい行動の強化につながるポイントになります（図 2-4）。

例：A 先行条件　お手伝いの指示（児童がお手伝いの内容を知る）
　　　→ B 行動　お手伝いをする
　　　　→ C 結果　ほめられる　またお手伝いをする

図 2-4　強化の例

8　副作用が多い「弱化」

　強化の原理の反対として，弱化の原理があります。弱化の原理とは，行動が起こった直後に，その人にとって「苦手なことや嫌なこと」が生じることにより，行動が起こりにくくなることです。例えば，叱責や没収が挙げられます。

　しかしながら，弱化にはリスクがあります。例えば，「なぜ，その行動をしてはいけないのかが理解できない」「正しい方法を学ぶことができない」「隠れて問題となる行動をしてしまう」「弱化した人（叱責など罰を与えた人）を避ける」「感情的になる，または落ちこんでうつ状態

第 2 章　ポジティブ行動支援

になる」「弱化そのものに慣れる」といったことが挙げられます。つまりは，弱化には副作用が少なくありません。罰を与えない，教育的，予防的な支援が求められます。

9　「自分はできる」「役に立っている」と実感させる

　強化を考える上で，単にほめたら強化につながるというわけではありません。児童生徒の発達段階や生活年齢を考え合わせながら，「人の役に立った」「人から感謝された」「人から認められた」という自己有用感を実感できるように心がけていきたいものです。児童生徒とできたことを共感し合うことも大切にしたいです。

　こうした地道な関わり合いが，児童生徒の自己に対する肯定的な評価を育てます。自己有用感は他者からの評価が影響すると思います。児童生徒が実際の行動と向き合って努力している過程を評価し，単に「よかった」「悪かった」だけの評価にならないように注意したいものです。

10　難しいことや新しいことはスモールステップで

　児童生徒に難しいことや新しいことを教えなければいけない場合，どのように支援するとよいでしょうか。はじめてのことをいきなり教えようとしても，目標が高すぎると達成は難しいです。できないことで，児童生徒も教員もイライラしてしまうかもしれません。お互いの関係が悪くなることが心配です。

　児童生徒に難しいことや新しいことを教える際には，目標とする行動に徐々に近づけていく方法をとることがポイントになります。いきなり目標の行動ができるように教えるのではなく，児童生徒ができる現状の行動からはじめます。その後，少しずつ目標の行動に近づけていくこと

25

を支援で試みます。このことをスモールステップといいます。

　スモールステップの具体的な例として，洗面所で自分の手をせっけんで洗うことを取り上げてみます（図2-5）。

---

① 　手を水で濡らして，液体せっけんをつける。
② 　①に加えて，両手の手のひらを合わせて，前後に動かして洗うことができる。
③ 　①と②に加えて，手の甲を，もう片方の手を使って洗うことができる。
④ 　①〜③に加えて，指と指の間を洗うことができる。
⑤ 　①〜④に加えて，親指をねじり洗いすることができる。
⑥ 　①〜⑤に加えて，手首を洗うことができる。
⑦ 　①〜⑥をすべてできる。

図2-5　スモールステップの例

　あくまでも例ですが，洗面所で自分の手をせっけんで洗うことを一人ですべてできるようにするための，スモールステップによる進め方を述べます。

　まず，①手を水で濡らして，液体せっけんをつけます。

　②として，①に加えて，両手の手のひらを合わせて，前後に動かして洗います。

　③として，①と②に加えて，手の甲を，もう片方の手を使って洗います。

　④として，①から③に加えて，指と指の間を洗います。

　⑤として，①から④に加えて，親指をねじり洗いします。

　⑥として，①から⑤に加えて，手首を洗います。

第2章　ポジティブ行動支援

⑦として，①から⑥をすべてします。

このように7つの段階に分け，段階を一つ一つクリアしていくこと
をめざします。いきなり，すべてを一人でできるという目標を立てて，
一度に教え込むのではなく，児童生徒にとって比較的容易で，具体的な
目標を立てて，少しずつ取り組んでいくことを重視していきたいです。

11　望ましい行動を促すプロンプト

望ましい行動を起こしやすいように，きっかけを与えたり，ヒントを
出したりすることをプロンプトといいます。日本語でいうと「促し」で
す。

プロンプトにはいろいろな種類があります（図2-6）。

身体的プロンプト
　＞モデリング（模倣）
　　＞指差し（身振り）プロンプト
　　　＞言語プロンプト
　　　　＞絵や写真，文字によるプロンプト

☆**最小プロンプトの原則**
　いかにプロンプトを与えないで，独力で望ましい行動ができるように
するかを考える。

図2-6　プロンプトの種類

身体的プロンプトとは，教員が児童生徒の手を取りながら教える方法
です。これが，児童生徒にとって一番わかりやすい手がかりといえるで
しょう。

2番目にわかりやすい手がかりとしては，モデリングが挙げられます。
モデリングとは模倣のことで，教員が児童生徒のとなりや前でモデルを

27

見せることです。

　3番目にわかりやすい手がかりとしては，指差し（身振り）プロンプトです。指差しや身振りでヒントを出すことです。

　4番目にわかりやすい手がかりとしては，言語プロンプトです。これは，言葉でヒントを出すことです。

　5番目にわかりやすい手がかりとしては，絵や写真，文字によるプロンプトです。絵や写真を見たり，文字を読んだりして，それをヒントに自分から行動していくことです。

　支援をする際には，プロンプトを徐々に小さくします。これをプロンプト・フェイディングといいます。

　プロンプトは最小を原則とし，プロンプトがないと行動できない「プロンプト依存」にならないように注意する必要があります。児童生徒への支援は，徐々に減らしていきます。児童生徒が自分から主体的に行動できるようになるための支援をしていきたいものです。

12　身につけた力を応用させる「般化」

　般化とは，ある特定の状況（特定の場所，教員，教材等）で身につけた行動が，別の状況においても同じようにできることです。

　具体的な例として掃除を挙げてみましょう。学校で掃除ができるようになったら，家でも掃除ができることをめざします。そして，学校でも家でも掃除ができるようになったら，学校を卒業した後，社会に出てから

も会社などで掃除ができることをめざします。

このように，身につけた行動が，別の状況でも同じようにできるように，また，応用して日常生活で生かすことができるように，学校卒業後のことも見据えた支援を心がけたいものです。

般化に向けた支援方法としては，多様な状況の中で練習できるようになることのほか，強化を弱めることも挙げられます。先ほど，強化について説明しましたが，般化を進める上では，強化を少しずつ弱めていくことが必要になります。支援開始直後は，すぐに毎回称賛していたことを，系統的に回数を減らしていくことも支援の一つです。もちろん，強化は望ましい行動を促す際に必要なものです。強化なしをめざすのではなく，少ない強化で児童生徒の粘り強さや耐性を育てていきたいです。

また，発達段階や生活年齢に合わせて，自己管理を教えていくことも心がけていきたいものです。例えば，スケジュールやタスク管理，自分で必要なものを用意することが挙げられます。望ましくない行動をしないように，その要因から自ら離れるこ

とも考えられます。コミュニケーションに関しては，「教えてください」「手伝ってほしいです」といったことが訴えられるように教員が教えることも支援の一つです。さらには目標が達成できたかを自分で記録し，評価し，自分で強化していけるように支援していくことも挙げられるでしょう。

支援の仕方は，児童生徒が100人いるとしたら，100通りあるといっても過言ではありません。ある児童でうまくいった支援が，別の児童の支援のヒントになることもありますが，特別支援教育の考え方として，

児童生徒一人一人を個別化してみていくことを忘れずにいたいと思います。

13　学校教育におけるポジティブ行動支援の整合性

(1)　学校でポジティブ行動支援を行うにあたって

　学校では，学習指導要領や生徒指導提要等に則って児童生徒への教育を進めていくことになります。では，ポジティブ行動支援は，学校教育にあったものなのでしょうか。「特別支援学校教育要領・学習指導要領解説　自立活動編（幼稚部・小学部・中学部）」（以下「解説自立活動編」と記します）と「生徒指導提要（改訂版）」に記載されている内容と，ポジティブ行動支援との整合性について述べていきます。

(2)　学習指導要領（解説自立活動編）との整合

　学習指導要領とは，全国のどの地域で教育を受けても，一定の水準の教育を受けられるようにするため，文部科学省が，学校教育法等に基づき，各学校で教育課程（カリキュラム）を編成する際の基準を示したものです。ほぼ10年に一度改訂されています。これをもとに教科書や時間割は作られています。

　「学習指導要領は，国会で制定された『学校教育法』の規定をうけて『学校教育法施行規則』で定められており，法体系に位置付けられていることから，国民の権利義務に関係する『法規』としての性質を有するものと解されます」（広島県教育委員会，2000）とされています。学習指導要領には，小学校学習指導要領，中学校学習指導要領，高等学校学習指導要領，特別支援学校学習指導要領があり，幼稚園及び特別支援学校幼稚部については教育要領が定められています。それぞれには，教員

向けに解説書も作られています。

　この学習指導要領は，国語や数学といった各教科や特別活動について
のみ示されているものではなく，自立活動という「障害による学習上又
は生活上の困難を改善・克服する」ための指導領域も含まれています。

　解説自立活動編は，大綱的な基準である学習指導要領等の記述の意味
や解釈などの詳細について説明するために文部科学省が作成したもので，
特別支援学校幼稚部教育要領，特別支援学校小学部・中学部学習指導要
領の自立活動について，その改善の趣旨や内容を解説しています。現行
のものは 2018 年 3 月に発行されました。

　自立活動は，「個々の児童又は生徒が自立を目指し，障害による学習
上又は生活上の困難を主体的に改善・克服するために必要な知識，技能，
態度及び習慣を養い，もって心身の調和的発達の基盤を培う」ことを目
標とし，特別支援学校学習指導要領にその目標及び内容等が示されてい
ます。自立活動の内容は，6 区分 27 項目で構成されており（巻末資料
2 参照），指導にあたっては個別の指導計画を作成することが規定され
ています。

　高等部に関しては 2024 年 4 月末時点で公表されていませんが，解説
自立活動編の中で，高等部の生徒を対象にした記載があることや小・中
学部の特別支援学校学習指導要領において規定されている自立活動の目
標や内容（6 区分 27 項目）は同じとなっていることから，高等部も解
説自立活動編に準じていると考えられます。

　障害のある児童生徒の学びの場としては，特別支援学校，特別支援学
級，通級による指導，小中学校等における通常の学級があります。

　このうち特別支援学級では，「障害による学習上又は生活上の困難を
克服し自立を図るため，特別支援学校小学部・中学部学習指導要領第 7
章に示す自立活動を取り入れること」，通級による指導では「特別支援
学校小学部・中学部学習指導要領第 7 章に示す自立活動の内容を参考

とし，具体的な目標や内容を定め，指導を行う」と小学校学習指導要領に規定されています（中学校は，小学校と同様に規定。高等学校では通級による指導のみ規定）。

通常の学級においても，「通級による指導の対象とはならないが，障害による学習上又は生活上の困難の改善・克服を目的とした指導が必要となる者がいる」でしょう。障害のある児童生徒には，「特別支援学校等の助言又は援助を活用しつつ，個々の児童の障害の状況等に応じた指導内容や指導方法の工夫を組織的かつ計画的に行うもの」とされています（中学校と高等学校は，小学校と同様に規定）。通常の学級においても，児童生徒の困難さを明らかにし，個別の教育支援計画や個別の指導計画を作成するなどして，必要な支援を考えていくことが望まれますが，解説自立活動編の内容は，通常の学級を含むすべての校種および学級種での多様な特別の教育的ニーズのある幼児児童生徒の支援の指針になると考えられます。

この解説自立活動編「第6章　自立活動の内容」を確認すると，ポジティブ行動支援の手法と合致する箇所が複数あります。「2　心理的な安定」の「(1)　情緒の安定に関すること」には，LD のある児童生徒に関して，「例えば，読み書きの練習を繰り返し行っても，期待したほどの成果が得られなかった経験などから，生活全般において自信を失っている場合がある。そのため自分の思う結果が得られず感情的になり，情緒が不安定になることがある。このような場合には，本人が得意なことを生かして課題をやり遂げるように指導し，成功したことを褒めることで自信をもたせたり，自分のよさに気付くことができるようにしたりすることが必要」と述べられています。

また，同じ「(1)　情緒の安定に関すること」には「障害があることや過去の失敗経験等により，自信をなくしたり，情緒が不安定になりやすかったりする場合には，機会を見つけて自分のよさに気付くようにし

たり，自信がもてるように励ましたりして，活動への意欲を促すように指導することが重要」とも述べられています。

　また，「3　人間関係の形成」の「(3)　自己の理解と行動の調整に関すること」には，「知的障害のある幼児児童生徒の場合，過去の失敗経験等の積み重ねにより，自分に対する自信がもてず，行動することをためらいがちになることがある。このような場合は，まず，本人が容易にできる活動を設定し，成就感を味わうことができるようにして，徐々に自信を回復しながら，自己に肯定的な感情を高めていくことが大切」と述べられています。

　このように，解説自立活動編には，本章冒頭に述べたポジティブ行動支援を意味する「望ましい行動を子供に効果的に教え，その行動ができた場合に承認・称賛を行うことにより，全ての子供が主体的に適切な行動を学ぶ教育方法」と合致している箇所（下線部）があります。通常の学級を含むすべての校種および学級種での多様な特別の教育的ニーズのある幼児児童生徒の支援の指針である解説自立活動編と整合しているといえることから，教育課程上望ましい支援の手法であるといえるでしょう。特別支援学級においては，在籍している児童生徒の自立活動を行う際にぜひ参考にしていただきたいと思います。

　特別支援学級の担任の先生方には，ポジティブ行動支援について研修することが，児童生徒への効果的な支援につながり，特別支援学級での自立活動の充実へと結びつくのではないでしょうか。

(3)　生徒指導提要（改訂版）との整合

　生徒指導提要は「小学校段階から高等学校段階までの生徒指導の理論・考え方や実際の指導方法等について，時代の変化に即して網羅的にまとめ，生徒指導の実践に際し教職員間や学校間で共通理解を図り，組織的・体系的な取組を進めることができるよう，生徒指導に関する学

校・教職員向けの基本書」として文部科学省が作成したものです。その改訂版が 2022 年 12 月に公表されました。

　改訂に至った背景や目的としては，「近年，いじめの重大事態や暴力行為の発生件数，不登校児童生徒数，児童生徒の自殺者数が増加傾向であるなど，課題が深刻化」してきていることや，「生徒指導提要が平成22 年に作成されて以降，10 年以上経過し，生徒指導提要に関する『いじめ防止対策推進法』や『義務教育の段階における普通教育に相当する教区の機会の確保等に関する法律』等が施行されるなど，個別事項を取り巻く状況は変化」しているなどが挙げられています。

　この改訂の基本的な考え方として，「積極的な生徒指導」の充実が強調されています。これは，「目前の問題に対応するといった課題解決的な指導だけではなく，『成長を促す指導』等の『積極的な生徒指導』を充実」することを重視しています。文部科学省に設置された「魅力ある学校づくり検討チーム」の報告（文部科学省，2020）の中で，「生徒指導は『成長を促す指導』，『予防的な指導』，『課題解決的な指導』の 3つに分けることができる」と記載されています。

　さらに，「いじめや不登校等の生徒指導上の課題について，問題行動など目前の問題に対応するといった課題解決的な指導だけでなく，成長を促す指導や予防的な指導を改めて認識することで，問題行動の発生を未然に防止し，全ての児童生徒が自ら現在や将来における自己実現を図っていくための能力の育成を目指し，学校におけるあらゆる場面を通じて積極的に生徒指導を行っていくことが重要」と述べられています。

　この生徒指導提要（改訂版）で，発達障害等のある児童生徒の生徒指導について具体的な支援の進め方が記載されている「第 13 章　多様な背景を持つ児童生徒への生徒指導」の中で，「学習面に困難のある児童生徒への対応は，できていないことやうまく取り組めていないことに注目しがちになります。しかし，苦手なことに対しても意欲を高めていく

第2章　ポジティブ行動支援

ためには，できていることを認め，得意な面をうまく生かして指導や支援を行うことが大切になります。そのためには，強みを活かした学習方法に変えたり，合理的配慮を用いたりして，実力を発揮し，伸ばし，評価される支援を考えます」と述べられています。

　また「行動面については，注意や叱責だけでは改善は難しいという前提に立ち，適切な行動を増やしていくという視点を持つことが大切です。起きている行動だけに注目せず，きっかけになることや行動の結果など前後関係を通して要因を分析し，対応を考えます。失敗を指摘して修正させる対応ではなく，どういう行動をとればよいかを具体的に教え，実行できたら褒めるなどの指導を通じて，成功により成就感や達成感が得られる経験と，それを認めてくれる望ましい人間関係が周囲にあることが，何よりも大切です」と述べられています。

　このように生徒指導提要（改訂版）においても，ポジティブ行動支援の趣旨と合致する記載（下線部）があるほか，「起きている行動だけに注目せず，きっかけになることや行動の結果など前後関係を通して要因を分析し，対応を考えます」という機能的アセスメントに関する記載もなされています。こうしたことから，ポジティブ行動支援は生徒指導の理論・考え方や実際の指導方法等とも整合していると考えられるでしょう。

(4)　ポジティブ行動支援を教員が行う際の注意点

　このように，ポジティブ行動支援は解説自立活動編や生徒指導提要（改訂版）と整合していることが認められます。ただし，注意すべきことがあります。解説自立活動編も生徒指導提要（改訂版）も，あくまでも児童生徒の支援の進め方については一般的な支援の方針となっている点です。教員が学校でポジティブ行動支援を行う際には，目の前にいる児童生徒の姿を無視してはいけないということです。「解説自立活動編

35

に書かれているから」「生徒指導提要（改訂版）に述べられているから」
と，字義通りに捉えるだけであれば，児童生徒に即した支援にはならな
いでしょう。問題となる行動だけに着目するのではなく，児童生徒の内
面に寄り添う姿勢が求められます。

　ポジティブ行動支援は，問題行動の改善を最終の目的とするものでは
ありません。児童生徒の将来の生活を豊かにしていくことが重要です。
児童生徒の多様性を認め，尊重しながら，望ましい行動を育て，主体的
によりよく生活を送ることをめざしていくものであると考えます。

　将来の生活を豊かにしていくという視点に立つと，ポジティブ行動支
援が特別支援学級の担任だけの理解に留まるのであれば，児童生徒にと
っては不十分かもしれません。校内の教員すべてはもちろん，医療関係
者，心理職，行政や福祉の関係者を含め，児童生徒を支えるすべての人
が，ポジティブ行動支援を理解し，それぞれの立場で支援に取り入れ，
実践していくことが求められます。

第3章　研修のオリエンテーション

　　オリエンテーションでポジティブ行動支援研修の
内容について見通しをもちましょう。

　　研修期間は 2 ヵ月間です。この期間中に全 3 回
（1 回 45 分）の研修会を実施します。

　　第 1 回研修では「個別の指導計画（研修用）」（巻
末資料 1）を作成し，その後，1 ヵ月にわたって支
援を実行します。毎日支援を実行した後，簡単な記
録をつけます。この記録をもとに第 2 回研修で評
価を行い，支援を見直します。

　　第 2 回研修で見直した支援を，その後さらに 1
ヵ月にわたって実行します。その後に第 3 回研修
を行い，評価と支援の見直しを行います。

1　全3回の研修の予定

ポジティブ行動支援研修を始める前に，まず全体的な流れを確認しましょう。

研修は全3回の研修会で構成されます。研修は1回あたり45分を想定します。研修期間は約2ヵ月間です。

研修は，教員一人で実施するのでも十分効果はありますが，複数の特別支援学級が設置されている学校では，ほかの特別支援学級の担任のみなさんで一緒に，ワークショップで取り組むことを勧めます。協働的な学びが促進され，児童生徒への理解が深まったり，支援のアイデアが広がったり，協力して支援にあたったりと，さらに組織的な取り組みにつながることが期待できます。つまり，特別支援学級の先生方が全体的にレベルアップすることが期待できるのです。

第1回の研修では，自分が担任している児童生徒の中で，特に気になっている児童生徒，どう支援したらよいか悩んでいる児童生徒を一人取り上げます。全3回の研修で，この取り上げた児童生徒の個別の指導計画を立案の上，支援を実行し，評価していきます。

第2回（第1回の研修から1ヵ月後に実施），第3回（第2回の研修

図3-1　研修のイメージ

第 3 章　研修のオリエンテーション

から 1 ヵ月後に実施）の研修では，あらかじめ設定した目標を児童生徒は達成できたか，教員は支援を実行できたか，支援が適切であったかをふりかえり，評価と計画の見直しを行います（図 3-1）。

2　個に応じた支援とは

　児童生徒への個に応じた支援について考えてみてください。先生方は，どのようなイメージをもちますか？　障害のある児童生徒の中には，うまくできないことや望ましくない行動をしてしまうこともあるかもしれません。

　支援を進める際には，他の児童生徒と比較をし，できないことや苦手なことをあら探しをしたり言い立てたりしないようにします。また，周りの人が困らないように，迷惑をかけないようにしていくことをめざすというよりは，本人にあった目標設定や手立てを組み，支援をしていくことで，いまを，そして将来をよりよく生きられるように生活の質を高めていくことを心がけることが大切になります。つまり，ポジティブ行動支援を取り入れ，「環境の調整」「本人のできることを生かす」「主体的な姿を引き出す」「本人にあった具体的な目標設定と手立て」により，児童生徒の望ましい姿を広げる支援を進めていくことが，児童生徒の自立と社会参加につながっていくと思います。

3　罰の副作用とは

　第 2 章 -8 で弱化の原理について述べましたが，望ましくない姿を減らしていく際に，叱責など罰を与える手法があります。しかしながら，障害のある子どもの場合，「なぜ，その行動をしてはいけないのか」がわからないまま行動をやめるようになったり，叱責した人に「あの人は

39

嫌いだ」と否定的な印象だけをもったりする可能性があります。また，「自分はダメだ」と，自分に否定的な思いをもったり，自分より弱い立場の人に（自分の思い通りにするために）同じことをしてしまったりする恐れもあります。

　結局のところ，叱責や没収など，罰を与えることだけでは，一時的には効果があるように見えたとしても，何も教えたことになりません。罰に頼らない，教育的，予防的な支援が求められます。

4　人手をかける対応だけでは解決にならない

　近年学校では，「支援員」「介助員」「アシスタント」「ボランティア」などと，教員以外にも支援にあたってくれる大人が増えてきました。これは，とてもありがたいことです。児童生徒に関わる人を増やすことは，教育の質を担保する上では有益なことです。しかしながら，人手をかけさえすれば，すべて解決するとは言い切れません。学校を卒業したあとは，支援の人手が限られてきます。つまり，先のことを見越した支援を考えていく必要があります。

　例えば他傷行為をする児童がいる場合，「少し手が出るだけ」などと指導を先送りにしてしまうと，支援が遅れてしまう（誤学習し続ける）ことになります。このことから，個別の指導計画を作成し，実際に支援を展開していくこと，適宜指導計画の見直しをしていくことが肝要になります。

　この研修では，学校で作成する「年間（もしくは学期ごと）の個別の指導計画」を参考に，特に気になる行動に焦点をあてた「個別の指導計画（研修用）」を作成し，2ヵ月間研修に取り組みます。第1回の研修では，この「個別の指導計画（研修用）」を作成していきます。

第4章 第1回研修
「個別の指導計画を立てよう」

　第1回研修では，個別の指導計画や記録用紙の作成の仕方を学びます。記入例（図4-1，図4-2）や「自立活動の内容一覧表（6区分27項目）」（巻末資料2）を確認しながら学びます。

　作成にあたっては，「個別の指導計画（研修用）」（巻末資料1），「記録用紙」（巻末資料3）をコピー（1ページをA4用紙に拡大（141％）して複写）したり，同様の書式をワープロソフトで作成したりしてお使いください。

1　個別の指導計画とは何か

　個別の指導計画とは，個々の児童生徒の実態に応じて，適切な指導を行うために，学校で作成されるものです。個別の指導計画は，教育課程を具体化し，児童生徒一人一人の目標，支援方法を明らかにして，きめ細やかに指導するために作成します。学校で，児童生徒を支援する際には，この計画に基づくことになります。しかしながら，計画は立てていても，実際に活用できているでしょうか。個別の指導計画を利活用していくことが求められます。

　そこで，この研修では，学校で作成した年間（もしくは学期ごと）の個別の指導計画を参考に，2ヵ月間の研修期間で使用する，特定の課題のみに焦点化させた「個別の指導計画（研修用）」を作成して支援を行います。

2　対象の児童生徒を1名抽出し，課題を1つ挙げる

　まず，自分の担任している児童生徒の中で，特に気にしている児童生徒，どう支援したらよいか悩んでいる児童生徒を一人取り上げます。その児童生徒について，今年度学校で作成した個別の指導計画（年間もしくは学期で取り組むことをまとめたもの）に目を通し，学校での児童生徒の様子を思い起こしながら，特に課題だと思うことを1つ挙げます。

3 個別の指導計画（研修用）の作成

(1) 児童生徒名，実態把握

研修で使う「個別の指導計画（研修用）」の様式（巻末資料 1，記入例は図 4-1 を参照）を出し，対象の児童生徒名，教員名を記入します。「1 実態把握」は，「課題（気になる姿）」や「状況（気になる姿が見られる時間，回数，場面)」を記入します。「その他の情報」については，指導をする際に参考となる情報があれば記入しておきます（特になければ無記入で構いません）。

(2) 自立活動の内容

「小学校学習指導要領解説 総則編」では，特別支援学級は自立活動を取り入れることとなっています（文部科学省，2017）。自立活動は，「個々の障害による学習上又は生活上の困難を改善・克服する」ための指導です。障害のある児童生徒の指導は，各教科の授業等，小・中学校等の児童生徒と同じように心身の発達の段階等を考慮して教育するだけでは，十分とは言えません。個々の障害に応じた指導である「自立活動」が必要となります。

自立活動は，6 区分 27 項目で構成されています。「個別の指導計画（研修用）」を作成する際には，実施する指導が教育課程に明確に位置付いていることを確認するために，これから行う指導が，自立活動のどの区分，項目に該当しているのかを明らかにします。「2 自立活動の内容」は，自立活動の内容一覧表（巻末資料 2）を参考にして記入します。ただし，指導の内容によっては，複数の区分，項目に該当すること（1つに絞り切れないこと）もあるかもしれません。その際は，複数の区分，

個別の指導計画（研修用）

児童生徒名（アルファベット等可能）	教員名
a	b

1　実態把握

課題（気になる姿）
　昼休みが終わる際に，「遊びは終わり」というと，大きな声を出して怒る

状況（気になる姿が見られる時間，回数，場面）
　昼休みの終わり，毎日

その他の情報

2　自立活動の内容

区分	項目
心理的な安定	情緒の安定に関すること

3　指導計画

指導場面
　昼休みの終わり

A　先行条件	B　行動	C　結果
(1)　場面・いつどこで 　昼休みが終わる5分前	児童生徒の具体的な目標 　ブロックをカゴに1個入れることができる	(1)　目標達成後の児童生徒の姿 ・ほめられてうれしい ・席に座り，次の授業を受けることができる
(2)　教員の支援 　「ブロックを1個，カゴに入れて」と手渡す		(2)　教員の支援 ・カゴに入れられたことをほめる ・次は「〜だよ」と本人の好きな活動の写真や教材を提示しながら授業に誘う

図 4-1　「個別の指導計画（研修用）」記入例

項目を記入してください。

(3) 指導計画

「3 指導計画」では，まず「指導場面」を決めて記入します。

① 「A 先行条件」

次に，「A 先行条件」の「(1) 場面・いつどこで」と「(2) 教員の支援」を記入します。

「(1) 場面・いつどこで」では，「昼休みが終わる5分前」「帰りの会の最初」など，教員が支援をする場面や時間を具体的に記入しましょう。

「(2) 教員の支援」は，先行条件に関わる教員の支援を具体的に記入します。例えば「『ブロックを1個，カゴに入れて』と手渡す」など具体的な教員の支援を書きます。

② 「B 行動」

「A 先行条件」が記入できたら，「B 行動」を記入します。児童生徒の具体的な目標（望ましい姿）を記入します。目標は，絵で描けるような誰もがイメージできる姿であり，最初はハードルの高くない目標にすることが大事です。回数や具体的な行動など，誰もができたかどうかを○か×で評価できるような目標にしましょう。

③ 「C 結果」

「B 行動」が記入できたら，「C 結果」の「(1) 目標達成後の児童生徒の姿」と「(2) 教員の支援」を記入します。

「(1) 目標達成後の児童生徒の姿」は予想で構いません。「ほめられてうれしい」「席に座り，次の授業を受けることができる」など，児童生徒が目標を達成することで得られる結果について，児童生徒にとってメリットになることや獲得できることを予想してみてください。

その上で，「(2) 教員の支援」では，「(1) 目標達成後の児童生徒の姿」を達成しやすくするための教員の支援を記入します。この「(2)

教員の支援」は，望ましい行動である「B 行動」が，今後も持続するようにするための教員の支援の工夫として考えてみてください。

　個別の指導計画（研修用）が記入できたら，もし複数の特別支援学級の担任が研修に参加しているのであれば，教員同士で個別の指導計画を見せ合いながら，どの児童生徒を抽出したか，どの行動を設定し，教員はどのような支援を行うのか，お互いに説明しましょう。もしも，具体的な支援方法などについて悩んでいるときは相談し合いましょう。児童生徒の理解が深まったり，支援のアイデアがもらえたりするかもしれません。

4　記録用紙の作成

(1)　記録用紙の目的

　記録用紙は，教員が個別の指導計画で立案した支援を実行したかどうか，教員が支援を実行して児童生徒は目標を達成することができたかをチェックするための用紙です（巻末資料 3，記入例は図 4-2 を参照）。

(2)　指導計画

　記録用紙には児童生徒名，教員名，指導計画の順に記入します。
　「1　指導計画」は，個別の指導計画（研修用）と同じ表になります。つまり，個別の指導計画（研修用）に記入した内容（「A　先行条件」「B 行動」「C　結果」）をそのまま転記します。

(3)　評価基準

　「2　評価基準」は，「B 行動」の評価基準を 2 段階ないし 3 段階で記

第 4 章　第 1 回研修「個別の指導計画を立てよう」

記 録 用 紙

児童生徒名：　**a**　　　教員名：　**b**　　　記録場面：　**昼休みの終わり**

1　指導計画

A　先行条件	B　行動	C　結果
(1)　場面・いつどこで 　昼休みが終わる 5 分前	児童生徒の具体的な目標 　ブロックをカゴに 1 個 入れることができる	(1)　目標達成後の児童生徒の姿 ・ほめられてうれしい ・席に座り，次の授業を受けることができる
(2)　教員の支援 　「ブロックを 1 個，カゴに入れて」と手渡す		(2)　教員の支援 ・カゴに入れられたことをほめる ・次は「〜だよ」と本人の好きな活動の写真や教材を提示しながら授業に誘う

2　評価基準

B 行動の評価基準
　○：一人でブロックを 1 個カゴに入れられる
　△：担任と一緒にブロックをもってカゴに入れる
　×：ブロックを入れることができない

3　記録

記録する行動項目（○×チェック）	/	/	/	/	/
B 行動：児童生徒は目標を達成できたか					
A 先行 (2)：教員の支援ができたか					
C 結果 (2)：教員の支援ができたか					

メモ

記録する行動項目（○×チェック）	/	/	/	/	/
B 行動：児童生徒は目標を達成できたか					
A 先行 (2)：教員の支援ができたか					
C 結果 (2)：教員の支援ができたか					

メモ

図 4-2　第 1 回研修「記録用紙」記入例

入します。評価基準は具体的に設定する必要があります。例えば，「B行動」に「ブロックをカゴに1個入れることができる」という目標を設定した場合，評価基準は「○：一人でブロックを1個カゴに入れられる」「△：担任と一緒にブロックをもってカゴに入れる」「×：ブロックを入れることができない」といった具合に設定します。

　このように到達度に応じて評価する手法をルーブリックと呼びます。個別の指導計画（研修用）で立案した自立活動（「B行動」）について，記録用紙を使って，ルーブリックにより評価していきます。

(4) 記録

　「3　記録」は，「教員が支援を実行し児童生徒は目標を達成できたか」「教員の支援を実行することができたか」を毎日記入します。記録は○か×など，評価基準で設定した基準に則って記入します。つまりはチェックするだけでよいのです。特記事項があればメモをしても構いませんが，児童生徒の様子を文章にして細かく記入する必要はありません。

5　支援の実行

　個別の指導計画（研修用）と記録用紙が記入できたら，第1回の研修は終了です。第2回の研修まで，特別支援学級の担任の先生は支援を実行して記録用紙に記録をつけます。その記録用紙は第2回の研修（第1回の研修から1ヵ月後）に使います。忘れずに記録するようにしましょう。

第5章 第2回研修「支援の評価と計画の見直し」

　第2回研修では，第1回研修で立案した個別の指導計画に基づき，1ヵ月間支援を実行して，どうだったかをふりかえります。

　ふりかえりの仕方は，1ヵ月の支援の記録をつけた記録用紙を使用します。記録用紙に記入した「記録」の欄を参考に，「児童生徒ができたこと」「児童生徒ができなかったこと」「次への工夫」を検討し，「評価」の欄を記入します。

　この過程を通して，支援の評価と計画の見直しを行い，次の1ヵ月間支援を進めていきます。

1　記録用紙を使ってふりかえる

1ヵ月の支援の記録をつけた記録用紙の「3　記録」の欄を見てみましょう（記入例，52ページ図5-2-①参照）。

まず，「B　行動：児童生徒は目標を達成できたか」を確認しましょう。次に，「A　先行(2)：教員の支援ができたか」「C　結果(2)：教員の支援ができたか」の欄を確認しましょう。その上で，「4　評価」の欄を記入していきます（記入例，53ページ図5-2-②参照）。

評価にあたっては，対象の児童生徒の目標を達成した回数（達成率）や教員が支援を実行できたか（実行度）を参考にします（図5-1）。

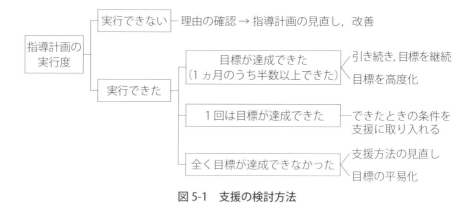

図5-1　支援の検討方法

2　児童生徒の目標は適切だったか

(1)　目標が達成できた（1ヵ月のうち半数以上できた）

「B　行動：児童生徒は目標を達成できたか」を確認し，半数以上の日で達成できていたら，「引き続き，目標を継続する」もしくは「目標を

高度化する」のどちらかを選択しましょう。どちらを選ぶかは，担任の先生が決めることになります。例えば，目標は達成できたけれど，不安定さがあるのであれば，目標の継続でもよいでしょう。

目標の高度化は，目標の難易度を上げることになります。例えば，目標とする回数や時間を延ばすこと，「登校時に担任にあいさつする」という目標を，「登校時に担任と同じ学級の友だちにあいさつする」といった形で，目標として，できることを広げることもよいでしょう。

(2) 1回は目標が達成できた

半数以上の日で達成はできなかったが，「1回は目標が達成できた」という場合は，達成できたときの条件を支援に取り入れましょう。支援をふりかえって，例えば追加で教員が言葉をかけたり，教員が手本を示したりすることで達成できたのであれば，それを今後の支援に取り入れてみてはいかがでしょうか。

(3) 全く目標が達成できなかった

もしも，個別の指導計画で立案した支援を実行したにも関わらず，一度も児童生徒が目標を達成できなかったとしたら，指導計画の目標が児童生徒には高すぎる可能性があります。目標を平易化したり，支援方法を見直したりしてみましょう。

まずは，児童生徒ができることを参考に，目標のハードルを下げてみましょう。具体的には，簡単な目標にしたり，複雑で難しい行動を，単

記 録 用 紙

児童生徒名：　**a**　　　教員名：　**b**　　　記録場面：　**昼休みの終わり**

1　指導計画

A　先行条件	B　行動	C　結果
(1)　場面・いつどこで 　**昼休みが終わる5分前**	児童生徒の具体的な目標 **ブロックをカゴに1個** **入れることができる**	(1)　目標達成後の児童生徒の姿 ・ほめられてうれしい ・席に座り，次の授業を受けることができる
(2)　教員の支援 　**「ブロックを1個，カゴに入れて」と手渡す**		(2)　教員の支援 ・カゴに入れられたことをほめる ・次は「〜だよ」と本人の好きな活動の写真や教材を提示しながら授業に誘う

2　評価基準

B　行動の評価基準
　○：一人でブロックを1個カゴに入れられる
　△：担任と一緒にブロックをもってカゴに入れる
　×：ブロックを入れることができない

3　記録

記録する行動項目（○×チェック）	5/13	5/14	5/15	5/16	5/17
B　行動：児童生徒は目標を達成できたか	○	○	△	○	○
A　先行(2)：教員の支援ができたか	○	○	○	×	×
C　結果(2)：教員の支援ができたか	○	○	○	○	○

メモ
・5/16，17 ×教員が手渡さなくても，自分でブロックを拾ってカゴに入れた。

記録する行動項目（○×チェック）	5/20	5/21	5/22	5/23	5/24
B　行動：児童生徒は目標を達成できたか	○	○	○	○※	○※
A　先行(2)：教員の支援ができたか	×	×	○	×	×
C　結果(2)：教員の支援ができたか	○	○	○	○	○

メモ
※5/23，24 はカゴにブロックを2個入れることができた。
・5/20，21，23，24 は教員が手渡さなくても，自分でブロックを拾ってカゴに入れた。

図 5-2- ①　第1回「記録用紙」記録記入例

第 5 章　第 2 回研修「支援の評価と計画の見直し」

4　評価	
児童生徒ができたこと	一人でブロックを 1 個カゴに入れることができる。教員がブロックを手渡さなくても，自分でブロックをカゴに入れられるようになった。
児童生徒ができなかったこと	ブロックは，休み時間に 30 個くらい出して遊んでいる。すべてを片付けるのはできない。
次の工夫	一人でブロックを 10 個カゴに入れることができることを目標にする。「10 個カゴに入れてください」と言葉をかけたり，1 から 10 まで一緒に数えたりしてみる。

図 5-2- ②　第 1 回「記録用紙」評価記入例

純な行動に細かく分けたりすることが挙げられます。望ましい行動を起こしやすくするために，きっかけを与えたり，ヒントを出したりするといった支援を検討してみましょう。

(4)　支援がうまくいくためのポイント

支援がうまくいくためには，まず実行可能な計画（時間，場所，教員の態度，スキルなど）になっているか確認してみましょう。はじめから教員自身が，「この児童には無理」とあきらめてしまうような計画なら，望ましい行動にはつながらないと思います。

次に，計画が効果的なものになっているかを確認しましょう。具体的な目標や手立てになっているか，児童生徒の実態に合ってるか，強化の原理に合っているかを確認しましょう。

支援がうまくいかないときは，教員にとってつらいときかもしれません。児童生徒のできることや長所に目を向けながら，ほかの先生方にも相談しつつ支援を見直していきましょう。教員自身がポジティブであることが大事です。

3　教員は支援を実行したか

「A　先行 (2)：教員の支援ができたか」「C　結果 (2)：教員の支援ができたか」の欄を確認してみましょう。もしも，教員の支援ができなかった場合は，その理由を考えてみましょう。

教員が支援をしなくても，児童生徒が目標を達成できることは，とても望ましいことです。教員の支援は，必ずしも，教員が言葉をかけたり，手本を示したりすることばかりではありません。

その一方で，児童生徒にとって目標が平易すぎないかも確認してみましょう。児童生徒の目標は，固定化するのではなく，1ヵ月ごとに児童生徒の姿に合わせて柔軟に設定できるとよいと思います。

4　評価

記録用紙の下部にある「4　評価」の欄を記入します（記入例，図5-2-②）。まず，第1回研修後に1ヵ月間支援を行って，「児童生徒ができたこと」を記入しましょう。その次に，「児童生徒ができなかったこと」を記入します。記入する際には，できるだけ具体的な記入を心がけましょう。

最後に「次の工夫」を記入します。児童生徒の目標や教員の支援を見直す場合は，この欄に記入します。記入する際は，たくさんの文章を書きこむ必要はありません。キーワードでもよいです。

もしも，複数の教員で取り組む場合，記入した後に発表し合ってもよいですね。また，次の工夫について，アイデアが思いつかないときはお互いに相談し合うのもよいでしょう。こうした，話し合う過程や対象児の支援について共通理解を図ることは，組織的な支援につながります。

第 5 章　第 2 回研修「支援の評価と計画の見直し」

5　新しい記録用紙の作成

(1)　指導計画

　次の工夫が定まったら，次の 1 ヵ月間の支援に向けて，新しい記録
用紙の作成を始めます。

　記入の仕方は第 4 章（第 1 回研修）で取り組んだことと同じです。
新しい記録用紙に，児童生徒名，教員名，指導計画の順で記入します。
「1　指導計画」は，「A　先行条件」「B　行動」「C　結果」を記入します。
「A　先行条件」と「C　結果」は，それぞれ「(2)　教員の支援」も忘れず
に記入しましょう。

　もしも，第 1 回研修で作成した記録用紙の指導計画と変更がない場
合は，そのまま同じ内容を記入することでも構いません（記入例，次ペ
ージ図 5-3 参照）。

(2)　評価基準

　「2　評価基準」は，「B　行動」の評価基準を 2 段階ないし 3 段階で記
入します。評価基準は具体的に設定する必要があります。例えば，「B
行動」に「ブロックをカゴに 10 個入れることができる」という第 1 回
研修よりも高度化した目標を設定した場合，評価基準は「○：一人でブ
ロックを 10 個カゴに入れられる」「△：一人でブロックを 1 〜 9 個カ
ゴに入れられる」「×：ブロックを全く入れることができない」といっ
た形で具体的に設定します。

　もしも，第 1 回研修で記入した記録用紙の評価基準と変更がない場
合は，そのまま同じ内容を記入することでも構いません。

55

記 録 用 紙

児童生徒名：　**a**　　　　教員名：　**b**　　　　記録場面：　**昼休みの終わり**

1　指導計画

A　先行条件	B　行動	C　結果
(1)　場面・いつどこで 　**昼休みが終わる5分前**	児童生徒の具体的な目標 　**ブロックをカゴに10 個入れることができる**	(1)　目標達成後の児童生 　徒の姿 ・ほめられてうれしい ・席に座り，次の授業を 　受けることができる
(2)　教員の支援 　「ブロックを10個，カ ゴに入れて」と伝える		(2)　教員の支援 ・カゴに入れられたこと 　をほめる ・次は「〜だよ」と本人 　の好きな活動の写真や 　教材を提示しながら授 　業に誘う

2　評価基準

B　行動の評価基準
　　○：一人でブロックを10個カゴに入れられる
　　△：一人でブロックを1〜9個カゴに入れられる
　　×：ブロックを全く入れることができない

3　記録

記録する行動項目（○×チェック）	/	/	/	/	/
B　行動：児童生徒は目標を達成できたか					
A　先行(2)：教員の支援ができたか					
C　結果(2)：教員の支援ができたか					

メモ

記録する行動項目（○×チェック）	/	/	/	/	/
B　行動：児童生徒は目標を達成できたか					
A　先行(2)：教員の支援ができたか					
C　結果(2)：教員の支援ができたか					

メモ

図 5-3　第2回研修「記録用紙」記入例

(3) 記録

「3　記録」は，第1回研修と同じく，「教員が支援を実行し児童生徒は目標を達成できたか」「教員の支援を実行することができたか」を毎日記入します。記録は〇か×など，評価基準で設定した基準に則って記入します。第4章でも示しましたが，特記事項があればメモをしても構いません。しかし，児童生徒の様子を文章にして細かく記入する必要はありません。

6　支援の実行

新しい記録用紙が，ここまで記入できたら，第2回の研修は終了です。第3回の研修まで，特別支援学級の担任は，支援を実行して，記録用紙に記録をつけます。その記録用紙は第3回研修（第2回の研修から1ヵ月後）に使います。忘れずに記録するようにしましょう。

第6章 第3回研修「支援の評価」

　第3回研修では，第2回研修で立案した指導計画をもとに，1ヵ月間支援を実行して，どうだったかをふりかえります。

　ふりかえりの仕方は，第2回研修後1ヵ月間の支援について記録をつけた記録用紙を使用します。記入済みの記録用紙の「記録」の欄を参考に，「児童生徒ができたこと」「児童生徒ができなかったこと」「次への工夫」を検討し，「評価」の欄を記入します。

　この過程を通して，2ヵ月間の支援の評価を行います。

1　記録用紙を使ってふりかえる

ふりかえりの方法は，第2回研修で取り組んだ方法と同じです。

第2回研修後1ヵ月間の支援について記録をつけた記録用紙の「3　記録」の欄を確認します。「B　行動：児童生徒は目標を達成できたか」を確認しましょう。次に，「A　先行(2)：教員の支援ができたか」「C　結果(2)：教員の支援ができたか」の欄を確認しましょう（記入例，図6-1）。その上で，「4　評価」の欄を記入していきます（記入例，図6-2）。

評価にあたっては，図5-1を参考にします。

2　児童生徒の目標は適切だったか

(1)　目標が達成できた（1ヵ月のうち半数以上できた）

「B　行動：児童生徒は目標を達成できたか」を確認します。研修は第3回で終了ですが，児童生徒の支援は今後も続けなければなりません。1ヵ月のうち半数以上の日で達成できていたら，「引き続き，目標を継続する」もしくは「目標を高度化する」のどちらかを選択しましょう。どちらを選ぶかは担任が決めます。

(2)　1回は目標が達成できた

もしも，半数以上の日で達成はできなかったが，「1回は目標が達成できた」という場合は，支援の参考になることがあるかもしれません。1回でもできたときの条件を支援に取り入れましょう。

第6章　第3回研修「支援の評価」

記 録 用 紙

児童生徒名：　**a**　　　教員名：　**b**　　　記録場面：　**昼休みの終わり**

1　指導計画

A　先行条件	B　行動	C　結果
(1)　場面・いつどこで 　**昼休みが終わる5分前**	児童生徒の具体的な目標 　**ブロックをカゴに10個入れることができる**	(1)　目標達成後の児童生徒の姿 ・ほめられてうれしい ・席に座り，次の授業を受けることができる
(2)　教員の支援 　**「ブロックを10個，カゴに入れて」と伝える**		(2)　教員の支援 ・カゴに入れられたことをほめる ・次は「〜だよ」と本人の好きな活動の写真や教材を提示しながら授業に誘う

2　評価基準

B　行動の評価基準
　　○：一人でブロックを10個カゴに入れられる
　　△：一人でブロックを1〜9個カゴに入れられる
　　×：ブロックを全く入れることができない

3　記録

記録する行動項目（○×チェック）	6/10	6/11	6/12	6/13	6/14
B　行動：児童生徒は目標を達成できたか	△	△	○	○	○
A　先行(2)：教員の支援ができたか	○	○	○	○	×
C　結果(2)：教員の支援ができたか	○	○	○	○	○

メモ
・6/14は教員が「ブロックを10個，カゴに入れて」と言わなくても自分でカゴに入れられた。

記録する行動項目（○×チェック）	6/17	6/18	6/19	6/20	6/21
B　行動：児童生徒は目標を達成できたか	○	○	○	○	○
A　先行(2)：教員の支援ができたか	○	×	×	×	×
C　結果(2)：教員の支援ができたか	○	○	○	○	○

メモ
・6/18からは教員が「ブロックを10個，カゴに入れて」と言わなくても自分でカゴに入れられた。

図6-1　第2回「記録用紙」記録記入例

(3) 全く目標が達成できなかった

　もしも，個別の指導計画で立案した支援を実行したのにも関わらず，一度も児童生徒が目標を達成できなかったとしたら，その理由を考えてみましょう。できないことは，見方を変えれば，その児童生徒の伸びしろであるといえるかもしれません。あきらめないで，支援を検討していきましょう。

　目標が児童生徒には高すぎる場合には，平易化してみましょう。児童生徒がいまできることを出発点に，目標のハードルを下げてみましょう。

　支援のヒントは，児童生徒のできることや長所，得意なことを生かすことにあります。また，特別支援教育コーディネーターや他の特別支援学級の担任，通級指導教室の担任，交流している通常の学級の担任などに相談してみるのもよいかもしれません。一人で抱え込むことなく，うまくいかないことを言葉に出しながら，複数の教員で考えていくことは組織的な取り組みにつながります。

3　教員は支援を実行したか

　次に「Ａ　先行(2)：教員の支援ができたか」「Ｃ　結果(2)：教員の支援ができたか」の欄を確認してみましょう。教員の支援ができなかった（もしくは，しなかった）場合は，その理由を考え，改善していきましょう。

4　評価

　記録用紙の下部にある「4　評価」の欄を記入します（記入例，図6-2）。まず，第2回研修後に1ヵ月間支援を行って，「児童生徒ができ

第6章　第3回研修「支援の評価」

4　評価	
児童生徒ができたこと	一人でブロックを 10 個カゴに入れることができた。
児童生徒ができなかったこと	ブロックは片付けられるようになったが，帰りの会の前，連絡帳や給食袋などをカバンに入れることができていない。
次の工夫	今回の支援を参考に，今後は帰りの会の前，連絡帳や給食袋などをカバンに片付けることに取り組みたい。

図6-2　第2回「記録用紙」評価記入例

たこと」を記入しましょう。その次に，「児童生徒ができなかったこと」を記入します。続いて「次の工夫」を記入します。

　繰り返しになりますが，研修は今回が最後となりますが，児童生徒の支援は続きます。児童生徒の主体性を引き出すことを考えましょう。教員が動くというよりは，児童生徒が自分の力でできることを増やしていけるとよいですね。

　もしも，複数の教員で取り組んでいる場合は，記入した後に発表し合いましょう。

5　研修のまとめ―校内研修の意義を考える―

　第1回から第3回まで約2ヵ月にわたって取り組んだ研修も終わりになります。この2ヵ月間をふりかえってみましょう。

　この研修では，特別支援学級を担任している先生方が，自分が担任する児童生徒を1名対象児に取り上げ，目標や具体的な指導計画を立て支援を進めていきます。研修と聞くと，講義形式の研修をイメージするかもしれませんが，受け身的な研修だけでは教員の自律的な学びにはつながりません。児童生徒の支援にあっては，まずは教員自身の主体的な

63

学ぶ姿勢が大切です。この研修は，実際に担任している児童生徒を対象に取り組みます。研修を通じて，児童生徒が望ましく変容し，教員自身も変わっていく，いわば一石二鳥の研修です。

　また，特別支援学級の担任が一堂に会して対話を重ねながら研修していくことができれば，みなさんの力量アップや組織的な取り組みの向上，さらには特別支援学級での教育の質が向上することも期待できるでしょう。

　ただし，児童生徒の望ましい変容を求めることに，過度なプレッシャーを感じる必要はありません。ほかの参加者と結果を競い合うものでもありません。担任同士，お互いの話に耳を傾け，認め合い，励まし合い，アイデアを出し合うことを大事にしていきたいところです。

第7章 特別支援学級の教師の新たな学びの姿
― 効果的な研修にするために ―

　ここまで,ポジティブ行動支援や,第1回から第3回までの研修の進め方について解説してきました。
　この章では,特別支援学級の担任を対象とした校内研修を効果的に行うためのポイントについて述べていきます。

ポジティブ行動支援は，担任一人でも学ぶことができます。担任が実行した支援と児童生徒の姿，評価を省察していくことはとても大切なことです。

　しかしながら，第2章でも述べましたが，小中学校には特別支援学級が複数設置されていることが少なくありません。ポジティブ行動支援について学ぶのであれば，ぜひ，同じ学校の特別支援学級の担任のみなさんで，児童生徒の支援や自立活動を充実させていくことを目的に，一緒に学んではいかがでしょうか。協働的な学びが促進され，研修効果が向上するとともに，学校の特別支援学級全体の教育の質が向上し，教員の専門性もアップします。仮に特別支援学級が一つしかない場合でも，通常の学級の先生と一緒に取り組むとよいと思います。

1　ポジティブな気持ちをもって参加する

　研修に参加する先生方はどのような気持ちでしょうか。私は掛け算と一緒で，教員自身の意欲や子どもたちを伸ばしていきたいといった気持ちが0（ゼロ）であれば，研修にいくら参加しても効果は出ないように思います。研修に参加される教員は，目的意識をもって参加するようにしてほしいです。そのためにも，教員同士で励まし合ったり，子どもたちをよりよく伸ばしていくために積極的に研修に参加したりするポジティブな雰囲気を醸成していくことが大切だと思います。

2　推進役を立てる

　複数の教員で行う研修では，研修を中心になって進める推進役を1人決めましょう。誰が推進役をするかの決まりはありませんが，特別支援学級の担任経験の長い先生，特別支援教育コーディネーターや通級指

導教室の担当者など，校内の特別支援教育の推進と関わって中心的立場にある教員がよいです。

その理由としては OJT（On the Job Training: 仕事の遂行を通して訓練をすること）による研修の構築にもつながるからです。研修の方法を工夫することで，経験の浅い臨時的任用教員へのフォロー，若手教員の育成，教育活動を組織的に進めていくこと，教員の同僚性を向上させる効果が期待できます。

推進役には，研修を進める存在であるとともに，悩みを分かち合い，具体的な支援を一緒に考えたり，心理面で底支えしたりしながら，お互いにポジティブな気持ちでいられるような存在であってほしいと思います。

3　研修会の時間を決める

研修をすることの意義を十分理解していても，放課後は先生方がこなすべき仕事が少なくありません。また，先生方の都合を調整することも少し手間がかかるかもしれません。研修の機会を確保し，全3回の研修を継続して行うために時間の設定の仕方を工夫します。

研修会は月に1回，45分と時間を決めて行いましょう。もちろん，1時間でもよく，時間に細かい縛りはありません。参加される先生方の同意の上で研修を進めていきたいです。

4　支援の検討や話し合いを重視した演習中心の研修

研修は演習形式で取り組みます。担任している児童生徒の中から1名を対象児に取り上げて，個別の指導計画を立てたり，実施した支援をふりかえったりしながら進めます。

まず，研修の目的を明確にします。例えば，「児童生徒の長所や得意なこと，できることを生かした支援について事例検討を通じて学ぶ」など，研修の目的をあらかじめ確認しましょう。

　研修は演習形式であり，話し合う場面があります。話し合いを進める際には，思ったことは何でも話すように心がけましょう。しかしながら，同僚を否定する言動は控えます。発表した先生がよい支援をされていたら，具体的に評価するように心がけましょう。

　児童生徒の話をすることも多くありますが，目標が達成できないことやうまくできないことから児童生徒を否定することは控えましょう。児童生徒のできること，長所に目を向け，児童生徒のよい点を伸ばせるように建設的な話をするように心がけていきたいものです。

　また，参加者にとって参考になりそうなことや，自分の似たような経験，感想などは積極的に話すようにしていきましょう。

　時間が限られているときはお互いに配慮し合い，特定の先生ばかりが話をすることを避け，推進役の教員は参加者一人一人が思ったことを話せるようにリードしていきます。

　研修での話し合いのルールを決めて，あらかじめ研修前に示しておくと，参加者の安心感につながります。例えば，「研修の約束」（図7）を研修会場に掲示してもよいですね。主体的な姿勢が生まれ，研修効果を高めていくことにつながると思います。

　児童生徒のポジティブな姿を引き出すためには，教員自身もポジティブでありたいものです。研修を通して，支援でうまくできたことを共感

第7章　特別支援学級の教師の新たな学びの姿―効果的な研修にするために―

研修の約束

1　話し合いは思ったことを話しましょう。

2　時間が限られているときは配慮しましょう。

3　お互いの話に耳を傾けましょう。

4　参考になりそうなことや，自分の似たような経験，感想などは積極的に話すようにしましょう。

5　この研修は学びの場です。お互いに寛容で，間違えることに不安を感じないようにしましょう。

図7　研修の約束（例）

し合い，教員として「自分はできる」「児童生徒の役に立っている」と実感できるとよいですね。

5　中学校での研修は学年会を活用する

中学校の特別支援学級の担任は，担任している学級以外で授業を行うことがあります。また，担任以外の教員が，特別支援学級で授業を行ったり，支援をしたりすることがあります。そのため支援に関係する教員が小学校以上に複数になり，情報共有に工夫が必要なケースもあります。

こうした教科担任制の中での情報共有や意見交換の方法として，中学校では，学年で打ち合わせをしたり，懸案事項を協議したりする学年会などがあるのであれば，その機会を活用する仕方があります。既存の会議設定をうまく活用していくのも一つの方法です。

6　研修観の転換を

　研修と聞くと，どのようなイメージをもつでしょうか。

　研修と一口にいっても，対面による講義やオンデマンド動画による視聴など，様々なスタイルがあるように思います。いずれにせよ，先生方は，学ぶことに対して受け身ではなく，自ら積極的に学ぶ姿勢が大切です。

　特別支援学級では，大学教員などの外部講師による講義形式の研修のほか，特別支援学校の教員による巡回相談や心理職によるコンサルテーションなど専門家の介入する機会があると思います。そういった機会は，多面的，多角的な視点から助言が得られ，児童生徒の支援の充実と教員の学びにつながる意義のあることです。しかしながら，専門家からの話を聞いて，そのことだけですべてをわかったつもりにはならないように注意したいところです。

　普段から学校で児童生徒たちの一番近くにいるのは担任です。本人や保護者の願いを把握し，児童生徒に寄り添う存在であり，よき理解者でありたいです。特別支援学級の担任には，児童生徒の支援について主体的に考え，個別の指導計画を立案し，支援を実行していってほしいと思います。そのために実践的な研修を重視してほしいのです。児童生徒の障害のことを自分で調べたり，児童生徒のできることや長所を生かした支援はどうすればよいか，支援してみてどうだったかなどを自ら考えたりするように心がけてください。

　さらに，第2章の冒頭でも述べましたが，このポジティブ行動支援研修を，特別支援学級の担任のみなさんで一緒に実践することにチャレンジしてみてください。

　ポジティブ行動支援研修を通じて，特別支援学級の教師の新たな学び

第7章　特別支援学級の教師の新たな学びの姿―効果的な研修にするために―

の姿として，個別最適な学びと協働的な学びを自律的に実行していけば
子どもも教師も必ず伸びていきます。

巻末資料

巻末資料 1　個別の指導計画（研修用）

巻末資料 2　自立活動の内容一覧表（6 区分 27 項目）

巻末資料 3　記録用紙

巻末資料1

個別の指導計画（研修用）

児童生徒名（アルファベット等可能）	教員名

1　実態把握

課題（気になる姿）

状況（気になる姿が見られる時間，回数，場面）

その他の情報

2　自立活動の内容

区分	項目

3　指導計画

指導場面

A　先行条件	B　行動	C　結果
(1)　場面・いつどこで	児童生徒の具体的な目標	(1)　目標達成後の児童生徒の姿
(2)　教員の支援		(2)　教員の支援

巻末資料2

自立活動の内容一覧表（6区分27項目）

(各区分には「特別支援学校教育要領・学習指導要領解説 自立活動編（幼稚部・小学部・中学部）」の該当ページを示す)

区分	項目	課題	具体的指導内容例
1 健康の保持 51ページ	生命を維持し，日常生活を行うために必要な身体の健康状態の維持・改善を図る観点の内容		
	(1)生活のリズムや生活習慣の形成に関すること	□極端な偏食 □整髪や衣類などの乱れ □生活リズムや生活習慣の形成	□無理のない程度の食事指導 □清潔，衛生，身だしなみの指導 □起床就寝時間の記録
	(2)病気の状態の理解と生活管理に関すること	□病気の理解 □精神性疾患による意欲減退など □服薬指導	□病状に応じた対応 □ストレスを避ける方法，発散する方法の指導 □定期的な服薬の必要性を指導，自己管理指導
	(3)身体各部の状態の理解と養護に関すること	□病気や事故等による身体各部の状態を理解 □補聴器などの扱い	□病気，けがによる患部の適切な保護 □補聴器等を用いる際の留意点の理解，自ら適切な聞こえの状態の維持ができるよう指導
	(4)障害の特性の理解と生活環境の調整に関すること	□感覚の過敏により大きな音がすると情緒不安定 □自分の得手不得手を客観的に理解できない □他者との違いから自分を否定的に捉える	□自ら別の場所へ移動，音量調整を他者に依頼 □自分の特性に気づかせる □自分を認め，必要な支援を求められるよう指導
	(5)健康状態の維持・改善に関すること	□健康状態を明確に訴えることが困難 □運動量が少なく，肥満や体力低下	□健康観察 □運動意欲の向上，適度な運動
2 心理的な安定 60ページ	自分の気持ちや情緒をコントロールして変化する状況に適切に対応するとともに，障害による学習上又は生活上の困難を改善・克服する意欲の向上を図る観点の内容		
	(1)情緒の安定に関すること	□自ら自分をたたく，他者への不適切な関わり □注意されると反発，興奮 □注意や集中を持続し，安定して学習に取り組むことが困難 □読み書きの練習をしても，期待したほどの成果が得られなかった経験等から自信喪失，感情的，情緒不安定	□落ち着く場所に移動し慣れた別の活動に取り組む等の経験を重ねながら興奮を静める方法を知る □様々な感情を表した絵カードやメモなどで気持ちを伝える指導 □自分を落ち着かせることができる場所に移動して，その興奮を静めることや，その場を離れて深呼吸をするなどを教える □刺激を統制した落ち着いた環境で，自分に合った集中の仕方や課題への取り組み方を身に付ける □本人が得意なことを生かして課題をやり遂げるように指導し，成功したことを褒めることで自信をもたせたり，自分のよさに気付けるようにしたりする

2 心理的な安定 60ページ	(2)状況の理解と変化への対応に関すること	□選択性かん黙	□集団構成や活動内容の工夫，選択肢の提示や筆談などを認める
		□急な予定変更に対応困難，混乱	□予定や予想事態等を伝える。事前に体験
		□人前で年齢相応に行動する力が育っていない	□行動の仕方を短い文章で読む。適切な例を提示しながら，場に応じた行動の仕方を身に付ける
		□特定の動作や行動に固執，同じ話を繰り返す	□特定の動作や行動を行ってもよい時間帯や回数をあらかじめ決める
	(3)障害による学習上又は生活上の困難を改善・克服する意欲に関すること	□計算に時間がかかったり，文章題の理解が難しいことから，学習への意欲や関心が低い	□周囲の励ましや期待，賞賛を受けながら，何が必要かを理解し，できる，できたという成功経験を積み重ねる
		□コミュニケーションが苦手で，人に関わることが消極的になったり，受け身的。依存心が強い	□自分の考えや要求が伝わったり，相手の意図を受け止めたりする双方向のコミュニケーションが成立する成功体験を積み重ねる
		□漢字の読みが覚えられない。覚えていてもすぐに思い出せない	□振り仮名を振る，拡大コピー，コンピュータによる読み上げ，電子書籍の利用，口述筆記のアプリ，ワープロ，タブレットのフリック入力等，自分に合った方法を習熟
			□代替手段等を周囲の人に依頼
3 人間関係の形成 67ページ	自他の理解を深め，対人関係を円滑にし，集団参加の基盤を培う観点の内容		
	(1)他者とのかかわりの基礎に関すること	□やりとりの方法が十分身についていない	□具体物や視覚的な情報を用いる
		□嬉しい気持ち，悲しい気持ちを伝えにくい	□感情を表した絵やシンボルマーク等を用いる
	(2)他者の意図や感情の理解に関すること	□言葉や表情，身振りなどを総合的に判断して，相手の思いや感情を読み取り，それに応じて行動することが困難	□生活上の様々な場面を想定し，そこでの相手の言葉や表情などから，相手の立場や考えていること等を推測するような指導を通して，他者と関わる際の具体的な方法を身に付ける
	(3)自己の理解と行動の調整に関すること	□過去の失敗経験等の積み重ねにより，自信がもてず，行動をためらいがちになる	□本人が容易にできる活動を設定
		□同じ失敗を繰り返す	□実現可能な目当ての立て方や点検表を使った振り返りの指導
	(4)集団への参加の基礎に関すること	□集団参加のための手順やきまりの理解が難しい	□必要な情報を得るための質問の仕方などを指導
		□集団に積極的に参加できない	□よく使われる友達同士の言い回しや，分からない時の尋ね方等を指導
		□ルールを理解しても，勝ちたいという気持ちからルールを守れない	□ルールを少しずつ段階的に指導，ロールプレイによって適切な行動を具体的に指導

巻末資料

感覚を有効に活用し，空間や時間などの概念を手掛かりとして，周囲の状況を把握したり，環境と自己との関係を理解したりして，的確に判断し，行動できるようにする観点の内容

4 環境の把握 72ページ	(1)保有する感覚の活用に関すること	□視覚や聴覚への働きかけに明確に答えられない □視覚と手の協調が苦手	□具体物を示し，注目させる □保有する感覚を最大限活用 □視覚と手の運動を協調させる指導
	(2)感覚や認知の特性についての理解と対応に関すること	□特定の音や光に過敏に反応 □身体接触や衣服の素材に強く不快感を抱く □身体を前後に動かす，身体の一部をたたきつける □注目すべきところが分からない □「め」と「ぬ」など読み間違えたり，文節を把握することができなかったりする □書かれた文章を理解したり，文字を書いて表現したりすることが苦手 □体の動かし方にぎこちなさがある	□音が発生する理由や身体接触の意図を知らせるなど，少しずつ慣れる指導を進める □自己刺激のための活動と同じような感覚が得られる適切な活動に置き換える □注目すべきところを色分け □読みやすい書体の確認，文字間や行間を広げる □聞いて理解したり，図や絵などで効率的に表現したりするように指導する □指や身体を，一つ一つ確かめながらゆっくり動かすようにする
	(3)感覚の補助及び代行手段の活用に関すること	□聴覚に過敏さがあり，特定の音を嫌がる □補聴器や人工内耳を装用しても完全に音が聞き取れない	□イヤーマフ等を利用 □補助機器の使用を周囲に伝えられる □キュードスピーチなどにより，聴覚以外の感覚を適切に活用
	(4)感覚を総合的に活用した周囲についての把握と状況に応じた行動に関すること	□自分の身体に対する意識や概念が十分に育っていないため，ものや人にぶつかったり，簡単な動作をまねしたりすることが難しい □（LD）意図している文字がうまく書けない	□粗大運動や微細運動を通して，全身及び身体の各部位を意識して動かす。身体の各部位の名称やその位置などを言葉で理解する □腕を動かして文字の形をなぞるなど，様々な感覚を使い多面的に文字を書く
	(5)認知や行動の手がかりとなる概念の形成に関すること	□「もう少し」「そのくらい」など抽象的な表現を理解することが難しい □興味のある事柄に過集中し，終了時刻になっても活動が終われない	□指示内容や作業手順，時間の経過等を視覚的に把握 □活動の流れや時間を視覚的に捉えられるようなスケジュールや時計などを示す □残り時間を確認，活動に優先順位をつける

	日常生活や作業に必要な基本動作を習得し，生活の中で適切な身体の動きができるようにする観点の内容		
5 身体の動き 83ページ	(1)姿勢と運動・動作の基本的技能に関すること	□身体の部位を適切に動かしたり，指示を聞いて姿勢を変えたりすることが困難	□基本的な動きの指導から，徐々に複雑な動きを指導
		□常に身体を動かす傾向があり，自分でも気付かない間に座位や立位が大きく崩れる	□姿勢を整えやすいような机やいすを使用，姿勢保持のチェックポイントを自分で確認
	(2)姿勢保持と運動・動作の補助的手段の活用に関すること	□補助用具（パソコン入力等）が十分使いこなせない	□補助用具のセッティング，収納の仕方を身に付ける。自分に合うように調整
	(3)日常生活に必要な基本動作に関すること	□ボタン，ひも結びができない	□ボタン外しから取り組み，ボタンや穴の大きさを徐々に小さくする
		□はさみの操作が難しい	□切る長さを徐々に長く，直線から曲線に切る形を変える
		□鉛筆の握り方がぎこちなく過度に力が入りすぎてしまう。筆圧が強すぎて行や枠からはみ出てしまう	□使いやすい筆記用具，文具を用いる □キーボード入力等で記録，黒板を写真に撮る等，書字の代替を行う
	(4)身体の移動能力に関すること	□肢体不自由により歩行困難 □学校外での移動や，交通機関の利用の際に，一人での移動が困難	□歩行器や車椅子の移動による指導 □駅員や周囲の人に援助を依頼するなど，安全が確保できる方法を指導
	(5)作業に必要な動作と円滑な遂行に関すること	□注意持続の困難に加え，目と手の協応動作や指先の細かい動き，体を思った通りに動かせない	□身体をリラックスさせる運動やボディーイメージを育てる運動に取り組む
		□身の回りの片付けや整理整頓等を最後まで遂行できない	□身の回りの生活動作に習熟
		□手足を協調させて動かすことが難しい	□手足の簡単な動きから始めて，段階的に高度な動きを指導
		□微細な運動をすることが困難	□興味関心をもっていることを生かしながら，道具を使って手指を動かす体験を積み重ねる
		□エプロンのひも結びができない	□一つ一つの動作を身に付けることから始め，徐々に身に付けた動作を一つにつなげ，連続して行えるようにする □手本や児童自身の動作を映像で確認 □一つの作業についていろいろな方法を経験させる
		□こだわりから教師の手本を模倣する意識がもてない	□教師と良好な人間関係を形成し，手本を模倣しようとする気持ちを育てる

巻末資料

	場や相手に応じて，コミュニケーションを円滑に行うことができるようにする観点の内容	
(1)コミュニケーションの基礎的能力に関すること	□所有者のことを確認しないままで，他者の物を使ったり，他者が使っているものを無理に手に入れようとしたりする	□児童がよりの望ましい方法で医師や要求を伝えることができるように指導する
	□相手の意図が理解できずコミュニケーションが成立しない	□自分の気持ちを表した絵カードやジェスチャーを交えて要求を伝える手段を指導する
(2)言語の受容と表出に関すること	□他者の意図を理解したり，自分の考えを相手に正しく伝えたりすることが難しい	□話す人の方向を見たり，話を聞く態度を育てたりする □絵や写真など視覚的な手掛かりを活用しながら相手の話しを聞く，メモ帳やタブレットを活用して相手に伝える
	□思ったことをそのまま口にして相手を不快にさせる	□相手の話を受けてやりとりをする経験を重ねる。ゲームなどを通して適切な言葉を繰り返し使用できるようにする
(3)言語の形成と活用に関すること	□言葉の意味を十分に理解せずに使うなど，正確に伝える語彙が少ない	□実体験，写真や絵と言葉の意味を結び付けながら理解すること，ICT等を活用し，言語の概念を形成
(4)コミュニケーション手段の選択と活用に関すること	□対人関係における緊張や記憶の保持などに困難さがあり，適切に意思を伝えることが難しい	□タブレットに入れた写真や手順表を手掛かりにすることや，音声出力や文字・写真など，代替手段を活用できるよう指導
	□言葉でのコミュニケーションが困難 □順を追って説明できない	□身振りで伝える，話し言葉を補うために絵カードやメモ，タブレット等の活用を指導 □簡単な絵に吹き出しやセリフを書く
(5)状況に応じたコミュニケーションに関すること	□会話の内容や状況に応じた受け答えができない	□自分で内容をまとめながら聞く能力を高める □分からない時に聞き返す方法や相手の表情にも注目する態度を身に付ける
	□会話の内容や周囲の状況を読み取れない。状況にそぐわない受け答え	□言葉遣いや場に応じた声量など，場面にふさわしい表現方法を身に付ける

※具体的な指導内容は，個々の児童の指導目標（ねらい）を達成するために，自立活動の内容の中から必要な項目を選定し，それらを相互に関連付けて設定するものである。

文部科学省（2018）「特別支援学校教育要領・学習指導要領解説　自立活動編（幼稚部・小学部・中学部）」51 ～ 102 頁を参考にして作成。

巻末資料3

記 録 用 紙

児童生徒名：　　　　　　　　教員名：　　　　　　　　記録場面：

1　指導計画

A　先行条件	B　行動	C　結果
(1)　場面・いつどこで	児童生徒の具体的な目標	(1)　目標達成後の児童生徒の姿
(2)　教員の支援		(2)　教員の支援

2　評価基準

B　行動の評価基準

3　記録

記録する行動項目（○×チェック）	/	/	/	/	/
B　行動：児童生徒は目標を達成できたか					
A　先行 (2)：教員の支援ができたか					
C　結果 (2)：教員の支援ができたか					

メモ

記録する行動項目（○×チェック）	/	/	/	/	/
B　行動：児童生徒は目標を達成できたか					
A　先行 (2)：教員の支援ができたか					
C　結果 (2)：教員の支援ができたか					

メモ

巻末資料

記録する行動項目（○×チェック）	/	/	/	/	/
B 行動：児童生徒は目標を達成できたか					
A 先行 (2)：教員の支援ができたか					
C 結果 (2)：教員の支援ができたか					

メモ

記録する行動項目（○×チェック）	/	/	/	/	/
B 行動：児童生徒は目標を達成できたか					
A 先行 (2)：教員の支援ができたか					
C 結果 (2)：教員の支援ができたか					

メモ

記録する行動項目（○×チェック）	/	/	/	/	/
B 行動：児童生徒は目標を達成できたか					
A 先行 (2)：教員の支援ができたか					
C 結果 (2)：教員の支援ができたか					

メモ

4　評価

児童生徒ができたこと	
児童生徒ができなかったこと	
次の工夫	

おわりに

　本書を閉じるにあたり，実践研究にご協力いただいた小学校および中学校の先生方，ご指導をいただきましたすべての皆様に深く感謝の意を表します。

　芦屋大学大学院・林知代特任教授には，私が博士後期課程在籍時から本書の完成に至るまで，丁寧にご指導をいただきました。毎回のご指導は，私の日中の仕事が終わってからの夜間でしたが，快くご対応いただき，心理的なサポートを含めて，底支えをしていただきました。あらためて，厚くお礼申し上げます。

　岐阜大学大学院・平澤紀子教授には，私が教職大学院で学んでいた際，ポジティブ行動支援についてご紹介いただき，その理論や実践について懇切にご指導いただきました。心より感謝を申し上げます。

　本書のイラストは，滋賀大学教職大学院の院生である多賀梨々花さんにご提供いただきました。授業，実習，研究，教員採用試験の勉強と忙しい合間を縫って描いていただきました。とてもかわいらしくほほえましいイメージ通りのイラストに仕上げていただきました。心を込めて制作していただきありがとうございました。

　また，株式会社黎明書房・都築康予様，伊藤大真様には編集や校正などを丁寧に進め，親身になってご対応いただきました。そのご支援により出版に至ることができました。ありがとうございました。

　本書は「ポジティブ行動支援」と「特別支援学級の担任を対象とした校内研修」が大きなテーマとなっています。ポジティブ行動支援をいかに学校に取り入れ，広く普及させ，児童生徒の支援に活用していくかが課題であると感じています。

おわりに

　特別支援学級に在籍する児童生徒が増加の一途をたどる一方，特別支援学級の担任は通常の学級に比べて臨時的任用教員の割合が高く，経験不足から不安を抱えながら支援にあたっている教員が少なくないのではないかと感じています。また，仮に特別支援学級での指導経験が豊富であると自負していても，支援が我流になっていたり，根拠に基づかないものになっていたりしないかということも危惧しています。つまりは，特別支援学級担任の資質向上や適切な支援の充実と関わって，校内でのポジティブ行動支援研修により，教員が自律して学び続ける状況を作り出していくことが大切だと感じています。

　本書は，小・中学校の特別支援学級の担任の先生方を想定して作成しましたが，特別支援学校や幼稚園，高等学校といった校種，通常の学級や通級指導教室の先生方でも十分参考になる内容であると考えています。本書で示した研修手法を参考にしていただけると幸甚です。

　本書が，特別支援教育の充実に貢献することを願い，閉じることとします。

　　　令和 6 年（2024 年）7 月

　　　　　　　　　　　　　　　　　　　　　　　　　山川直孝

　＊本書は，「国立大学法人滋賀大学出版助成制度」の助成を受けて刊行しております。

文　献

Carr, E. G., Dunlap, G., Horner, R. H., Koegel, R. L., Turnbull, A. P., Sailor, W., ... Fox, L.（2002）, Positive behavior support : Evolution of an applied science. *Journal of Positive Behavior Interventions*, 4, 4–17, 20.

中央教育審議会（2005）「特別支援教育を推進するための制度の在り方について（答申）」.

Dunlap, G., Kincaid, D., Horner, R. H., Knoster, T., & Bradshaw, C. P.（2014）, A comment on the term "positive behavior support", *Journal of Positive Behavior Interventions*, 16, 133–136.

平澤紀子（2010）『応用行動分析学から学ぶ子どもの観察力＆支援力養成ガイド：発達障害のある子の行動問題を読み解く！』学研プラス.

平澤紀子（2013）『応用行動分析学から学ぶ子どもの観察力＆支援力養成ガイド：発達障害のある子の「困り」を「育ち」につなげる！』学研プラス.

広島県教育委員会 (2000)「学習指導要領の法的性格について」ホットライン教育ひろしま.
https://www.pref.hiroshima.lg.jp/site/kyouiku/02zesei-sankou-seikaku-se-kaku.html（参照日 2024 年 4 月 28 日）

Horner, R. H., Dunlap, G., Koegel, R. L., Carr, E. G., Sailor, W., Anderson, J., ... O'Neill, R. E.（1990）, Toward a technology of "nonaversive" behavioral support, *Journal of the Association for Persons with Severe Handicaps*, 15, 125–132.

松本美知代他（2022）「学校・園全体で取り組むポジティブな行動支援浸透のための実践」徳島県立総合教育センター『令和 3 年度研究紀要』第 101 集，31-46.

文部科学省（2017）「小学校学習指導要領解説　総則編」.

文部科学省（2018）「特別支援学校教育要領・学習指導要領解説　自立活動編（幼稚部・小学部・中学部）」.

文　献

文部科学省（2020）「魅力ある学校づくり検討チーム（報告）」.

文部科学省（2021a）「新しい時代の特別支援教育の在り方に関する有識者会議（報告）」.

文部科学省（2021b）「障害のある子供の教育支援の手引〜子供たち一人一人の教育的ニーズを踏まえた学びの充実に向けて〜」.

文部科学省（2022a）「学校基本調査（令和4年度）」.
https://www.e-stat.go.jp/stat-search/files?page=1&toukei=00400001&tstat=000001011528（参照日2024年9月12日）

文部科学省（2022b）「『教師不足』に関する実態調査」.

文部科学省（2022c）「生徒指導提要（改訂版）」.

文部科学省（2024）「特別支援教育資料（令和4年度）」.

村本浄司（2020）『施設職員ABA支援入門』学苑社.

日本ポジティブ行動支援ネットワーク「ポジティブ行動支援（PBS）とは？」.
https://pbsjapan.com/about-pbs/（参照日2024年4月28日）

岡野由美子（2019）「特別支援学級担任への研修体制に関する一考察―特別支援教育センターの研修講座の充実について―」『人間教育』2, 1-10.

大久保賢一（2019）『3ステップで行動問題を解決するハンドブック』学研みらい.

大久保賢一・辻本友紀子・庭山和貴（2020）「ポジティブ行動支援（PBS）とは何か？」『行動分析学研究』34(2), 166-177.

山川直孝（2021）「知的障害特別支援学校における行動問題支援研修に関する検討」『岐阜大学教職大学院紀要』4, 51-58.

山川直孝（2024）「小学校特別支援学級担任を対象とした自立活動研修の開発―ポジティブ行動支援を取り入れたOJT―」『滋賀大学教育実践研究論集』6, 1-8.

米田宏樹・川合紀宗編著（2022）『特別支援教育』（新・教職課程演習6）協同出版.

監修者

林　知代

芦屋大学大学院教育学研究科特任教授，博士（臨床教育学）。
著書には『アスペルガー症候群読本』（メディカルレヴュー，2008），
『天才の秘密 —アスペルガーと芸術的独創性—』（共訳，世界思想社，
2009），『自閉スペクトラムのギフティッド』（朱鷺書房，2023）などが
ある。

著者

山川直孝

滋賀大学大学院教育学研究科准教授，博士（教育学）。
公立特別支援学校教諭等を経て現職。
公認心理師，社会福祉士，特別支援教育士スーパーバイザー，臨床発達
心理士スーパーバイザー。

イラスト　多賀梨々花

特別支援学級の教師の新たな学びの姿　ポジティブ行動支援研修

2024 年 11 月 15 日　初版発行

監 修 者	林	知 代
著 者	山 川	直 孝
発 行 者	武 馬	久 仁 裕
印 刷	株式会社	太 洋 社
製 本	株式会社	太 洋 社

発 行 所　　　　　　株式会社 **黎 明 書 房**

〒460-0002　名古屋市中区丸の内 3-6-27　EBS ビル　☎ 052-962-3045
FAX 052-951-9065　振替・00880-1-59001
〒101-0047　東京連絡所・千代田区内神田 1-12-12　美土代ビル 6 階
☎ 03-3268-3470

落丁本・乱丁本はお取替します。　　　　　ISBN978-4-654-02086-7
© N. Yamakawa 2024, Printed in Japan